Découvrez des Jeux Gratuits en Ligne

Disponible Ici :

BestActivityBooks.com/FREEGAMES

5 ASTUCES POUR DÉMARRER !

1) COMMENT RÉSOUDRE LES MOTS MÊLÉS

Les puzzles sont dans un format classique :

- Les mots sont cachés sans espaces, tirets, ...
- Orientation : Les mots peuvent être écrits en avant, en arrière, vers le haut, vers le bas ou en diagonale (ils peuvent être inversés).
- Les mots peuvent se chevaucher ou se croiser.

2) UN APPRENTISSAGE ACTIF

Un espace est prévu à côté de chaque mots pour noter la traduction. Pour favoriser un apprentissage actif un **DICTIONNAIRE** à la fin de cette édition vous permettra de vérifier et étendre vos connaissances. Cherchez et notez les traductions, trouvez-les dans le Puzzle et ajoutez-les à votre vocabulaire !

3) MARQUEZ LES MOTS

Vous pouvez inventer votre propre système de marquage. Peut-être en utilisez-vous déjà un ? Sinon, vous pourriez, par exemple, marquer les mots qui ont été difficiles à trouver d'une croix, ceux que vous avez aimés d'une étoile, les mots nouveaux d'un triangle, les mots rares d'un diamant, etc...

4) STRUCTUREZ VOTRE APPRENTISSAGE

Cette édition vous offre un **CARNET DE NOTES** très pratique à la fin du livre. En vacances ou en voyage ou à la maison, vous pouvez facilement organiser vos nouvelles connaissances sans avoir besoin d'un second bloc-notes !

5) VOUS AVEZ FINI TOUTES LES GRILLES ?

Allez à la section bonus **CHALLENGE FINAL** pour trouver un jeu gratuit à la fin de cette édition !

Simple et Rapide ! Découvrez notre collection de livres d'activités pour votre prochain moment de détente et **d'apprentissage**, à juste un clic de distance !

Trouvez votre prochain défi sur :

BestActivityBooks.com/MonProchainLivre

À vos marques, prêts... Partez !

Saviez-vous qu'il existe environ 7 000 langues différentes dans le monde ? Les mots sont précieux.

Nous aimons les langues et avons travaillé dur pour créer les livres de la plus haute qualité pour vous. Nos ingrédients ?

Une sélection des thématiques d'apprentissage adaptée, trois belles parts de divertissement, puis nous ajoutons une cuillère de mots difficiles et une pincée de mots rares. Nous les servons avec soin et un maximum de plaisir pour vous permettre de résoudre les meilleurs jeux de mots mêlés qui soient et d'apprendre en vous amusant !

Votre avis est essentiel. Vous pouvez participer activement au succès de ce livre en nous laissant un commentaire. Nous aimerions vraiment savoir ce que vous avez préféré dans cette édition !

Voici un lien rapide qui vous mènera à la page d'évaluation de vos commandes :

BestBooksActivity.com/Avis50

Merci pour votre aide et amusez-vous bien !

De la part de toute l'équipe

1 - Été

ش	ک	ک	ک	ت	ا	ب	ه	ا	ق	م	ک	ص	س
ب	ا	غ	م	و	س	ی	ق	ی	ج	ن	ح	پ	د
ض	س	د	پ	ن	ا	ا	چ	ئ	ئ	ي	غ	د	ق
م	ح	ث	ی	د	ح	د	س	ک	پ	غ	ل	س	ش
ئ	خ	د	ن	و	ل	آ	ر	ا	م	ش	خ	ئ	د
چ	ر	ژ	گ	س	ف	ر	غ	ی	ی	ز	ع	ح	ض
ت	ذ	ص	ل	ت	ت	ئ	و	ض	ا	ق	پ	ط	ط
م	ع	د	خ	ا	ن	و	ا	د	ه	ک	ع	ت	ص
آ	خ	ط	ژ	ن	ظ	ي	ص	ن	د	ل	ج	ض	ص
ف	ع	د	ی	ي	و	ش	ی	گ	ژ	ک	ث	ی	خ
ر	ح	ت	ص	ل	م	ز	ت	ش	ژ	خ	ق	د	م
ا	ض	م	غ	ص	ا	غ	ذ	ا	ض	ل	ث	چ	ف
غ	غ	آ	ل	ق	ئ	ت	ئ	ذ	ق	ظ	ع	د	ع
ت	ر	ر	م	س	ق	د	ذ	س	آ	ت	ژ	ش	ک

دوستان
کمپینگ
خانواده
باغ
شادی
کتابها
فراغت
دریا

موسیقی
غذا
ساحل
غواصی
آرامش
صندل
تعطیلات
سفر

2 - Adjectifs #2

ا	م	ش	ه	و	ر	ز	ج	ت	ج	د	ی	د	م
ظ	ع	خ	ش	ک	ط	ی	آ	ق	ط	خ	ظ	ي	ش
ظ	ت	ظ	ج	ا	ل	ب	ه	س	ت	ي	ط	ر	و
چ	ب	پ	ذ	ق	خ	ا	ی	آ	س	ژ	د	ن	ر
ث	ر	ی	ر	ض	ر	ر	ي	ع	م	س	ئ	و	ل
م	و	ل	د	ع	ي	خ	غ	ا	ی	ب	ص	ق	ج
ذ	پ	ل	ي	ظ	ط	و	ن	ب	ر	ا	م	ز	ح
خ	ل	ا	ق	د	ر	ت	م	ن	د	ا	غ	ر	ش
ژ	ا	س	ق	و	ی	ن	ا	م	ظ	س	ر	غ	ط
گ	ر	ل	ض	د	ح	ش	ی	ض	ط	ت	و	ث	ع
ض	ض	ئ	ص	ک	ظ	ش	ش	ف	ق	ع	ر	پ	ي
ت	و	ص	ی	ف	ی	ش	ی	ز	ص	د	ذ	ف	گ
ش	ث	س	ی	ج	د	گ	ن	ئ	س	ا	ل	م	آ
گ	ن	ص	ذ	ر	ث	ف	ش	ق	غ	د	خ	ژ	ک

معتبر
مشهور
خلاق
توصیفی
با استعداد
نمایشی
زیبا
مغرور
قوی
جالب هست

طبیعی
جدید
مولد
قدرتمند
خالص
مسئول
سالم
شور
وحشی
خشک

3 - Exploration

ن	خ	آ	م	ل	د	گ	ظ	ع	آ	ر	و	آ	و
ا	ئ	ط	ث	خ	چ	ص	ب	غ	خ	س	ت	گ	ی
ش	ف	چ	ر	ط	ط	خ	ا	ئ	ف	ن	ر	ذ	ع
ن	ل	ص	ر	ن	خ	ع	ک	ش	ف	و	ح	ش	ی
ا	ث	ظ	ظ	ن	ا	ئ	ه	ی	ج	ا	ن	م	ج
خ	ز	ف	ض	ا	ع	ک	ر	ذ	ج	ا	ف	آ	د
ت	ف	ر	س	ث	ث	ب	ت	ي	ب	ص	ع	س	ی
ه	د	ظ	ح	ر	خ	ز	س	خ	ط	ر	ا	ت	د
ج	ت	ز	گ	ذ	چ	و	ف	خ	پ	ت	ل	ع	خ
پ	آ	گ	ص	پ	ن	پ	ر	ف	س	ع	ی	ی	ل
چ	ز	ز	م	ی	ن	ک	آ	غ	ش	ق	ت	ی	ص
ب	ل	ب	ئ	ظ	ز	ط	ز	ل	د	ر	ق	ن	ح
گ	آ	س	ا	ب	آ	ح	ا	ي	ت	ز	ز	ر	ر
ب	ز	پ	گ	ن	ح	ی	و	ا	ن	ا	ت	ش	ل

فعالیت
حیوانات
شجاعت
خطرات
کشف
تعیین
فضا
هیجان

خستگی
ناشناخته
زبان
جدید
خطرناک
وحشی
زمین
سفر

4 - Formes

ز	ش	آ	ی	ص	ح	ح	خ	گ	ه	س	م	ل	ی
ق	ن	ح	م	ن	ح	ن	ی	و	ذ	ی	ث	ظ	ث
گ	ر	د	ر	س	ق	ح	ب	ش	ل	ل	ل	خ	ذ
غ	ب	ب	ب	ئ	ت	ط	ک	ه	و	ن	ث	گ	ي
خ	ش	س	ع	ک	ث	ط	ظ	ر	ل	د	خ	چ	چ
ی	ی	م	ک	م	ا	ن	ی	م	ی	ر	خ	ش	ن
ظ	ن	ت	غ	ک	غ	ض	م	ل	ش	د	ظ	ر	د
ف	چ	ظ	ک	ع	ت	پ	ش	ن	ف	ی	د	ض	ض
ر	م	ق	ظ	ب	ی	ض	ی	ث	ش	ز	ا	ي	ل
ق	ق	ا	چ	ئ	س	ا	ئ	چ	ر	و	ی	ف	ع
ي	ج	ن	س	ر	ک	ي	ي	ح	ح	ث	ر	ظ	ی
م	خ	ر	و	ط	ر	و	ل	چ	ث	ن	ه	گ	ص
س	ق	ط	غ	ع	ه	چ	ی	ي	آ	ق	ت	غ	ط
گ	ن	چ	و	ا	ز	و	ع	ض	ز	ئ	ک	آ	ي

کمان
مربع
دایره
گوشه
منحنی
مخروط
سمت
مکعب
سیلندر
بیضی

هذلولی
خط
چند ضلعی
منشور
هرم
مستطیل
گرد
کره
مثلث

5 - Adjectifs #1

م	ب	ب	ش	آ	ح	ا	ل	چ	غ	گ	ف	ی	س
ط	ط	پ	ص	ژ	ک	چ	ز	ط	ل	م	ا	ک	ن
ل	ج	ث	ن	ط	ن	ز	چ	ظ	ئ	ض	م	س	گ
ق	ظ	ض	ض	ژ	د	ن	ث	ی	ر	ن	ه	ا	ی
ه	ن	ا	د	ن	م	ت	و	ا	خ	س	م	ن	ن
ب	ی	ر	غ	و	ب	ی	ج	ع	ص	ن	ن	پ	ض
خ	س	ز	چ	ز	ب	پ	ب	ا	ذ	ج	ظ	خ	ط
ج	ش	س	ج	ن	ی	ذ	د	ث	ص	ک	ئ	چ	س
و	ذ	ذ	ا	د	گ	ق	ح	ق	ل	ج	ح	ح	ی
ا	ز	ز	ه	ل	ن	ذ	ذ	خ	ي	ب	ز	ج	م
ن	ک	ث	ط	ف	ا	گ	ش	ع	ز	ا	ی	ف	ع
ی	آ	ج	ل	ش	ه	ص	ن	ر	د	م	ب	ع	ط
ز	ب	ل	ب	م	ق	ک	گ	ض	غ	ا	ا	ا	ر
ل	م	پ	ذ	آ	آ	ئ	م	ا	ق	ر	و	ل	ل

مطلق
فعال
جاه طلب
معطر
هنری
جذاب
زیبا
عجیب و غریب
بزرگ
سخاوتمندانه

صادق
یکسان
مهم
بی گناه
جوان
کند
سنگین
نازک
مدرن
کامل

6 - Instruments de Musique

ژ	و	ی	و	ل	ن	س	ل	گ	ل	ف	ن	ع	پ
م	ا	ر	ی	م	ب	ا	غ	ط	ض	ل	ر	ک	ف
ئ	ق	ج	د	ذ	ش	ب	ر	ی	د	و	ل	ض	ج
ص	پ	ک	ح	ي	د	و	ج	آ	ب	ت	و	پ	ظ
م	س	گ	ن	ن	د	ا	ی	ر	ه	ز	ن	گ	ی
ک	ا	ر	ف	ط	ث	ب	ب	ش	ی	پ	و	ر	ژ
ل	ک	ن	د	ي	م	پ	ت	ا	ق	چ	آ	ژ	ط
ا	س	ض	د	ب	ا	ن	ج	و	س	گ	ق	ق	ئ
ر	و	ح	ر	و	ع	ط	ح	ی	س	و	و	د	آ
ی	ف	ق	ا	غ	ل	پ	ن	و	ا	ک	ن	ن	ض
ن	و	ی	م	ص	گ	ی	ث	ل	ز	ل	خ	ل	گ
ت	ن	ر	آ	ث	گ	ا	ن	ن	چ	ي	غ	ظ	ث
ت	ر	و	م	ب	و	ن	ط	ف	ن	و	ظ	د	س
گ	ی	ت	ا	ر	ض	و	ص	ز	گ	گ	ن	ي	و

بانجو
باسون
کلارینت
فلوت
گونگ
گیتار
ساز چنگ
ابوا
ماندولین
ماریمبا
پیانو
ساکسوفون
درام
دایره زنگی
ترومبون
شیپور
ویولن
ویولن سل

7 - Échecs

م	و	ر	ب	ن	د	ا	ع	ا	ض	و	ب	ن	ض
خ	ز	ز	م	ض	م	س	ا	ب	ق	ه	ش	ت	ق
ک	ي	ب	غ	ش	ش	ت	ف	ج	ک	گ	ق	ح	ر
ص	چ	ا	ج	ز	ز	ر	ی	ی	ط	گ	چ	ق	ب
ر	د	ز	ذ	ص	پ	ا	و	ت	د	ح	ن	ط	ا
ح	ر	ی	ف	ق	د	ت	پ	ا	د	ش	ا	ه	ن
س	ی	ا	ه	ب	چ	ژ	ت	پ	م	ث	ز	غ	ی
ز	ظ	ج	م	ا	ا	ی	ط	ش	ن	ع	ت	ش	ج
گ	م	ل	ک	ه	ک	ز	ر	ط	ف	ژ	ي	ی	ظ
ط	ن	ا	ی	و	ر	ع	ی	ق	ع	د	ف	خ	س
ث	ث	ب	ن	ش	ن	ز	ج	ک	ل	م	ب	پ	پ
ق	ه	ر	م	ا	ن	ج	ظ	ج	ن	پ	ذ	ژ	ئ
و	چ	ف	غ	ق	ط	ق	و	ا	ن	ی	ن	ر	ب
م	س	ا	ب	ق	ا	ت	خ	ر	ت	ح	ک	ح	آ

حریف
سفید
قهرمان
مسابقه
مورب
باهوش
بازی
بازیکن
سیاه

منفعل
ملکه
قوانین
پادشاه
قربانی
استراتژی
زمان
مسابقات

8 - Herboristerie

ئ	ر	ط	ت	آ	ن	ف	د	ن	ا	ر	ف	ع	ز
س	ی	ع	ر	ط	ع	م	چ	ک	ی	ت	خ	ر	آ
ط	ح	م	ص	ئ	ن	ا	ی	ز	پ	ش	آ	د	آ
ذ	ا	ث	پ	ک	ا	ف	خ	ذ	م	و	آ	ل	ع
ب	ن	خ	ر	ب	ع	ت	ی	ف	ی	ک	ل	ج	ت
ی	ئ	ژ	ا	ث	ق	ط	ذ	ش	ش	س	ض	م	ص
ع	ظ	ر	ز	خ	ف	و	ن	ن	ک	ي	ک	ک	ج
ئ	ح	ز	ی	و	ي	ب	آ	س	ی	ز	ض	ق	ز
ذ	س	م	ا	خ	ژ	ع	ی	ن	ا	ج	ر	م	ء
ت	ب	ا	ن	ط	ذ	ر	ط	ي	د	د	ص	و	ت
ي	ز	ر	ه	ی	ر	ف	ع	ج	آ	ظ	ع	ر	ا
ب	ظ	ی	ف	گ	ط	س	خ	ث	ق	غ	خ	س	ب
د	ب	ن	ي	ل	س	و	د	و	خ	و	ط	س	ا
ئ	ج	گ	ب	پ	د	ی	ف	م	ن	ل	ف	ت	غ

سیر
معطر
ریحان
مفید
آشپزی
ترخون
رازیانه
گل
جزء
باغ

اسطوخودوس
مرجان
نعناع
جعفری
کیفیت
رزماری
زعفران
طعم
آویشن
سبز

9 - Véhicules

ز	غ	آ	ع	ر	ب	ز	گ	چ	ث	د	ب	ژ	ج
ی	ل	ف	پ	ط	م	ع	ي	ا	ت	و	ب	و	س
ر	ث	گ	چ	د	ش	ح	ی	ذ	ذ	چ	د	و	ه
د	س	چ	ف	ث	ق	خ	ش	ي	ف	ر	ی	م	و
ر	چ	ج	گ	گ	ط	ق	ط	ا	ر	خ	ف	و	ا
ی	ت	ر	ا	ک	ت	و	ر	س	ت	ه	ل	ت	پ
ا	ک	چ	ط	ا	م	ذ	د	ک	ص	ل	غ	و	ی
ی	ن	ا	ف	م	ت	ر	و	و	ل	ش	ذ	ر	م
ی	گ	د	ر	ی	ل	ا	س	ت	ی	ک	و	ر	ا
ق	ا	ی	ق	و	ئ	ذ	ق	ر	م	ص	ت	ع	ت
ش	ی	و	و	ن	ا	ح	س	ص	ا	و	ج	ذ	ا
غ	چ	گ	آ	ع	چ	ن	ث	پ	ش	ع	ش	ف	ک
ه	ل	ی	ک	و	پ	ت	ر	ع	ی	چ	ژ	ک	س
ص	ح	ر	آ	م	ب	و	ل	ا	ن	س	غ	گ	ی

آمبولانس
هواپیما
اتوبوس
کامیون
کاروان
فری
موشک
هلیکوپتر
مترو
موتور

شاتل
لاستیک
قایق
اسکوتر
زیردریایی
تاکسی
تراکتور
قطار
دوچرخه
ماشین

10 - Camping

ق	د	ر	ی	ا	چ	ه	ث	ن	ر	ع	پ	ب	چ
س	ا	ش	ک	ا	ر	م	ف	ک	ا	ب	ی	ن	ا
ظ	ب	ی	ص	ئ	س	ح	ی	و	ا	ن	ا	ت	د
گ	ذ	ژ	ق	ب	ق	ک	ض	ا	ئ	ج	س	ض	ر
آ	ق	ح	ش	ر	ه	و	ط	م	ف	م	ب	ت	چ
ث	ت	چ	ک	ل	ا	ه	ر	ا	ط	ن	ا	ب	ژ
آ	ج	ش	ح	ب	ا	ن	و	ج	ب	ا	م	ه	غ
ت	ت	پ	ژ	ط	ر	ز	ی	ر	ی	ل	ظ	م	و
ج	ن	گ	ل	ف	گ	ل	ف	ا	ع	پ	ل	ذ	ف
ه	ک	ح	آ	ا	گ	ط	ئ	ج	ت	ژ	ز	ز	ب
ی	د	ش	ف	ن	ن	ی	د	و	م	گ	چ	ش	خ
ز	ش	ب	ي	و	ق	ج	م	ی	ن	و	و	ئ	ئ
ا	ل	ض	ا	س	ش	ج	و	ی	ن	ب	م	د	ر
ت	ث	م	ئ	ف	ه	خ	م	ق	ط	ب	ن	م	ا

آتش
جنگل
بانوج
حشره
دریاچه
فانوس
ماه
کوه
طبیعت
چادر

حیوانات
ماجراجویی
قطب نما
کابین
قایق رانی
نقشه
کلاه
شکار
طناب
تجهیزات

11 - Conservation

ي	ذ	ش	م	ض	آ	ف	ت	ک	ش	ص	ظ	ش	ت
ع	ب	ز	آ	ح	ل	ز	ی	س	ت	گ	ا	ه	ح
د	ذ	ک	ر	ز	ی	س	ت	ب	و	م	ع	غ	پ
ا	ج	ج	ف	ب	چ	ط	ب	ی	ع	ی	ت	ط	ا
و	چ	ژ	غ	ا	چ	ر	ی	آ	ل	و	د	گ	ی
ط	گ	ظ	غ	ز	ر	آ	خ	ا	ق	ل	ی	م	د
ل	غ	م	گ	ی	ج	ق	ف	ه	ژ	چ	ط	س	ا
ب	ب	پ	ظ	ا	س	ل	ا	م	ت	ی	گ	ط	ر
ص	ج	ض	ج	ف	ت	غ	ی	ی	ر	ا	ت	آ	ذ
ا	ف	ظ	چ	ت	ح	ص	ی	ل	ا	ت	آ	س	چ
ض	ژ	گ	س	ز	ل	ح	ت	و	ر	و	چ	ب	ع
ج	ط	چ	ذ	ذ	ز	ا	ج	ظ	ز	ذ	آ	ز	ث
ژ	ج	ع	ب	م	ب	ط	ط	ی	ا	ث	د	ب	ف
ي	ی	ف	ی	ک	ف	ا	ژ	ش	ل	ژ	ک	س	ی

داوطلب
تغییرات
اقلیم
چرخه
پایدار
آب
محیطی
زیست بوم
تحصیلات

زیستگاه
طبیعی
آلی
آفت کش
آلودگی
بازیافت
سلامتی
سبز

12 - Écologie

پ	ز	ط	ن	ی	ر	س	ق	ق	ئ	ظ	خ	ز	آ
غ	ی	ب	ع	م	ر	آ	آ	ش	ح	گ	ش	ن	ک
چ	س	ی	ق	ل	آ	ث	ذ	س	غ	د	ک	د	غ
ز	ت	ع	ل	ا	گ	ی	ا	ه	ا	ن	س	گ	ص
ق	گ	ت	م	ط	ب	ی	ع	ی	خ	ش	ا	ی	آ
ث	ا	آ	ع	ن	ک	م	غ	د	د	ا	ل	گ	ق
ک	ه	پ	ذ	ج	ا	ن	و	ر	ا	ن	ی	ی	ج
غ	ج	ه	ا	ن	ی	ب	پ	ی	ق	ژ	غ	ا	ذ
ف	ل	و	ر	ب	ی	ج	ع	ا	ل	غ	ی	ه	خ
پ	ا	ی	د	ا	ر	و	ف	ی	ی	ژ	ع	ی	گ
د	ا	و	ط	ل	ب	ا	ن	ی	م	ا	ر	ش	ن
ش	ت	ش	غ	ح	ف	م	ط	چ	آ	ی	ي	س	خ
ج	غ	ق	ا	ئ	ح	ع	ف	پ	ک	ئ	ظ	ک	ق
ت	ض	ف	ع	ن	ک	ت	ن	و	ع	پ	ی	ق	گ

داوطلبان
اقلیم
جوامع
تنوع
پایدار
جانوران
فلور
جهانی
زیستگاه

مارش
دریایی
طبیعت
طبیعی
گیاهان
منابع
خشکسالی
بقا
زندگی گیاهی

13 - Astronomie

ظ	ر	س	ش	ر	ذ	پ	چ	ط	ص	ق	ف	ز	آ
و	ص	ق	ز	گ	ز	ل	چ	ل	و	ژ	چ	و	ذ
م	د	آ	م	پ	و	پ	ذ	آ	ر	ي	چ	ن	ظ
ی	خ	و	ر	ش	ی	د	ی	ظ	ت	غ	ب	ض	ی
ل	ا	د	ژ	ت	س	ذ	ي	چ	ف	م	پ	ث	ع
ث	ن	ب	ح	ا	س	ی	ژ	ط	ل	ي	ی	ژ	ف
ذ	ه	ک	م	ب	ح	ت	ا	ر	ک	س	و	ف	ظ
آ	ک	ه	ک	ش	ا	ن	ا	ر	ی	ش	ه	ا	ب
س	ط	ذ	ک	خ	ب	ت	ج	ر	ه	آ	غ	ص	س
م	ا	ه	ز	م	ی	ن	ن	ه	ه	ظ	ظ	ی	ی
ا	ب	ر	ن	و	ا	خ	ت	ر	ا	ش	آ	غ	ا
ن	ا	ع	ت	د	ا	ل	ح	گ	ف	ن	ن	گ	ر
م	و	ش	ک	پ	ش	ک	ی	ه	ا	ن	آ	ا	ک
ب	ی	ر	ع	ک	ذ	ف	ض	ا	ن	و	ر	د	س

سیارک
فضانورد
ستاره شناس
آسمان
صورت فلکی
کیهان
کسوف
اعتدال
موشک
کهکشان

ماه
شهاب
سحابی
رصدخانه
سیاره
تابش
خورشیدی
ابرنواختر
زمین
جهان

14 - Types de Cheveux

ص	ظ	و	ک	ر	ل	س	ف	ی	د	ب	ح	ق	چ
ث	گ	س	س	ر	ج	ی	ن	ر	ق	ا	و	ط	ج
ض	خ	ی	م	م	آ	ا	ا	ق	ک	د	ر	ر	ذ
ر	چ	ف	م	ش	ط	ه	ز	ل	ر	ی	ذ	ن	ط
پ	ب	ر	ي	ز	ف	ل	ک	س	ر	ه	غ	گ	ک
ژ	ر	ف	خ	ا	ک	س	ت	ر	ی	س	ی	ی	پ
ل	ا	ر	ن	ک	ح	خ	ذ	خ	ب	ا	ف	ت	ه
ت	و	ی	ن	ر	م	و	ج	ی	ش	خ	ج	ی	ض
خ	ن	ط	چ	پ	ن	م	ک	ک	ذ	ک	ش	ص	ص
ژ	ا	ذ	ط	ب	ر	ا	ق	ن	ئ	ک	ف	ز	ف
غ	ی	س	ا	ل	م	ح	ف	ژ	ص	ي	د	ق	ز
ا	ش	ظ	س	ن	خ	س	ر	س	د	ل	پ	ي	آ
ی	ق	ذ	خ	د	ئ	ن	آ	ف	ص	گ	ز	ج	ج
ظ	ی	ک	و	ت	ا	ه	ش	ی	س	چ	پ	ح	آ

نقره
سفید
بور
فر
براق
طاس
رنگی
کوتاه
نرم
ضخیم
فرفری
خاکستری
بلند
براون
نازک
سیاه
موجی
سالم
خشک
بافته

15 - Restaurant #1

ت	غ	د	د	پ	ى	ش	خ	د	م	ت	پ	ع	و
ي	ذ	س	س	س	ي	و	ي	ر	ن	ا	ح	ش	د
ص	ا	ر	ع	ا	ت	ک	ن	گ	و	ش	ت	چ	خ
و	ح	ج	م	ک	ن	م	ر	غ	ز	گ	ظ	ط	ج
و	ض	ص	س	گ	د	ک	ا	س	ه	ظ	ف	س	ا
ط	د	ن	ن	چ	ا	ق	و	ل	آ	ى	ن	ي	آ
ب	آ	د	ا	ث	ع	ژ	ه	ذ	س	آ	ض	ض	ل
ط	ش	و	ن	ج	ت	ن	ص	و	ش	ف	ظ	ص	ر
د	پ	ق	ج	ح	م	ط	ز	ژ	ه	پ	ر	ى	ژ
ش	ز	د	ا	ف	ط	ل	ز	ق	ث	د	ز	ه	ى
ب	خ	ا	خ	ب	پ	ت	ش	ذ	ا	چ	ر	ح	ظ
م	ا	ر	ک	ف	ص	د	غ	خ	س	ح	و	ژ	ژ
ز	ن	ق	ا	ح	ح	ا	خ	ل	آ	م	ت	ت	ئ
چ	ه	چ	غ	م	ض	ث	خ	گ	ي	خ	آ	ع	ى

آلرژی
بشقاب
کاسه
قهوه
صندوقدار
چاقو
آشپزخانه
دسر
تند

منو
غذا
نان
مرغ
رزرو
سس
پیشخدمت
دستمال سفره
گوشت

16 - Mammifères

خ	ظ	ط	ج	ف	ک	ج	ض	خ	ن	چ	ج	ز	ا
س	ر	ر	چ	ی	ا	ق	ئ	ر	ه	گ	ف	ر	ن
ز	ب	س	ژ	ل	ن	ک	ب	گ	ن	ر	ش	ا	ی
چ	ن	گ	خ	غ	گ	ک	س	و	گ	ط	چ	ف	ق
ص	ذ	ض	ی	ژ	و	ا	ا	ش	ی	ر	گ	ه	گ
د	ل	ف	ی	ن	ر	س	خ	ی	ق	ض	و	گ	و
پ	ظ	و	ن	ح	و	ب	ر	ي	و	چ	ر	و	ر
ث	ن	آ	ی	گ	ط	ن	ض	ظ	ک	ت	ی	س	خ
ج	ط	ر	ی	ر	گ	چ	ت	چ	ي	پ	ل	ف	ر
ش	آ	ر	س	ظ	ر	خ	پ	ی	چ	ا	ب	ن	ض
گ	ا	و	ن	ر	گ	م	ی	م	و	ن	ب	د	ط
ژ	ص	خ	پ	گ	ر	ب	ه	ف	ط	ی	ر	ج	ر
ف	س	ط	ع	آ	ب	ل	د	خ	ل	ئ	ص	آ	ن
ن	ژ	ص	گ	ج	ز	ی	ژ	آ	ر	ئ	ظ	ث	د

نهنگ
گربه
اسب
سگ
کایوت
دلفین
فیل
زرافه
گوریل
کانگورو
خرگوش
شیر
گرگ
گوسفند
خرس
فاکس
میمون
گاو نر
ببر
گورخر

17 - Sports

ت	ذ	ئ	ب	ژ	ق	د	ط	س	غ	آ	ک	خ	ظ
ن	ی	ا	ا	آ	ه	و	و	پ	ص	ا	ذ	ذ	غ
ی	ظ	م	ز	خ	ر	چ	ت	ح	ح	ئ	م	ب	چ
س	ظ	ر	ی	غ	م	ر	ق	ئ	چ	م	ج	پ	ج
ب	و	ب	ح	ب	ا	خ	ح	ب	ا	ز	ی	ک	ن
س	ح	ی	ب	ژ	ن	ه	ت	ر	ف	د	غ	م	ب
ک	ز	م	چ	ی	ی	ت	ط	ن	ز	ژ	ا	ض	ش
ت	م	و	ز	م	س	ا	ی	د	ئ	ل	ع	و	ظ
ب	ر	ی	ر	ن	م	ب	ض	ه	ا	ک	ی	ر	ر
ا	ج	ت	ب	ا	ئ	ک	ا	گ	ح	ف	غ	ت	پ
ل	و	ر	ف	س	ش	ط	ا	ل	ع	ز	ف	خ	ج
ل	ت	ق	چ	ت	ر	آ	ي	ف	ح	ئ	ت	ف	ذ
ئ	پ	ف	ن	ی	و	ر	ز	ش	گ	ا	ه	ج	ط
ا	م	ع	ر	ک	و	ر	ز	ش	ک	ا	ر	ض	و

داور
ورزشکار
بیسبال
بسکتبال
قهرمانی
مربی
تیم
برنده
گلف

ژیمناستیک
هاکی
بازی
بازیکن
جنبش
ورزشگاه
تنیس
دوچرخه

18 - Chocolat

ک	ب	ا	د	ا	م	ز	م	ی	ن	ی	ا	ع	ک
ا	ن	ب	ت	غ	غ	ذ	غ	ا	ا	آ	د	ا	ح
ر	ص	ن	ع	ت	گ	ر	ی	ل	ر	ن	ک	چ	ظ
ا	ن	ج	ل	پ	ذ	ي	س	د	گ	ت	ا	ي	ژ
م	و	ر	د	ع	ل	ا	ق	ه	ی	ی	ک	ش	غ
ل	ز	ر	ل	ي	ش	د	ع	ذ	ل	ا	ا	ع	ر
آ	ب	ن	ب	ا	ت	ع	ج	ز	ء	ک	ئ	ز	ز
ث	آ	خ	ق	ز	س	ی	ی	ف	ش	س	و	ن	ن
ژ	چ	ت	ش	پ	د	خ	ب	ا	ک	ی	ف	ی	ت
ک	ا	ل	ر	ی	ئ	ئ	و	پ	و	د	ر	غ	م
ع	ي	خ	ق	ن	د	ث	غ	ش	ی	ا	ک	ی	ي
ط	ب	ب	س	ق	ئ	ق	ر	پ	م	ن	ط	ل	ن
ر	و	پ	ي	پ	ئ	چ	ی	ج	ظ	ز	و	ع	پ
پ	د	ک	س	س	ف	و	ب	ت	ب	ز	ه	ن	م

شیرین
عجیب و غریب
مورد علاقه
طعم
جزء
نارگیل
پودر
کیفیت
قند

تلخ
آنتی اکسیدان
عطر
صنعتگری
آب نبات
بادام زمینی
کاکائو
کالری
کارامل
خوشمزه

19 - Mathématiques

ي	ت	م	ک	ع	ث	ض	ع	م	ک	ط	م	چ	ژ
ف	ق	و	ذ	ح	ق	ش	م	ح	ر	ث	ل	ن	آ
ت	ق	ا	ر	ن	ط	و	و	ی	ه	ب	ا	د	ل
گ	آ	ز	د	م	ر	ب	د	ط	ی	ث	ع	ض	پ
ش	ع	ی	ر	ا	پ	چ	و	ی	ل	ق	ش	ل	ف
ا	چ	چ	ئ	ز	گ	ث	ر	ت	ظ	ز	ا	ع	م
ی	ا	ر	غ	خ	ا	ح	س	ا	ب	ک	ر	ی	ث
ه	ن	د	س	ه	ن	و	ل	ث	ذ	س	ی	ل	ل
ش	ز	ذ	ع	ا	ط	پ	ی	آ	ض	ر	ذ	ی	ث
گ	و	گ	ش	ژ	ک	ظ	خ	ه	ح	گ	ش	و	ش
ث	ف	ج	ژ	ئ	ع	س	ل	ت	چ	ب	ع	ف	ض
ب	ص	ئ	م	م	س	ت	ط	ی	ل	ض	ا	ی	ا
پ	س	ت	م	ع	ا	د	ل	ه	ص	ظ	ع	ب	ع
ي	ح	ل	ن	گ	ئ	ح	ع	ژ	خ	ع	ی	ئ	م

زاویه
حساب
مربع
دور
اعشاری
قطر
نما
معادله
کسر
هندسه

موازی
عمود
محیط
چند ضلعی
شعاع
مستطیل
جمع
کره
تقارن
مثلث

20 - Mythologie

ب	ا	ه	ل	پ	چ	ک	ذ	ر	م	ذ	ئ	ئ	م
ا	ن	ز	ح	س	ا	د	ت	ف	ح	و	ث	ش	ر
و	ت	ا	ی	ج	ا	د	ن	ت	ج	و	ج	گ	ر
ر	ق	ر	ت	ن	د	ر	ئ	ا	ا	آ	ن	و	ع
ه	ا	ت	گ	س	م	ل	غ	ر	د	ج	گ	ص	د
ا	م	و	ص	ی	ی	ا	آ	ب	و	ا	ج	ط	و
ک	ه	ن	ا	ل	گ	و	ف	آ	ی	و	و	چ	ب
ط	ض	ج	د	ف	ث	ج	ا	ر	ی	د	د	ف	ر
ن	ز	ش	ت	ا	س	خ	ن	ج	ه	ا	د	ا	ق
ذ	ع	چ	ف	ظ	ع	ا	ی	خ	ه	ن	ث	ج	ه
ا	س	ت	ح	ک	ا	م	ن	خ	ی	گ	گ	ع	ر
ب	ح	غ	غ	ح	ی	آ	ع	ه	و	ی	ن	ه	م
خ	ش	ق	ي	چ	ئ	ل	ئ	ع	ل	خ	ب	ص	ا
گ	آ	ب	خ	د	خ	ش	آ	چ	ا	ض	ا	ض	ن

کهن الگو
فاجعه
رفتار
ایجاد
موجود
باورها
فرهنگ
رعد و برق
استحکام
جنگجو

قهرمان
جاودانگی
حسادت
هزارتو
افسانه
جادویی
هیولا
فانی
تندر
انتقام

21 - Restaurant #2

پ	س	ی	ذ	ث	ق	ج	ت	پ	ط	ژ	گ	ا	ی
ت	ب	ح	ص	ئ	ز	و	پ	ژ	و	ظ	ر	ف	ض
ظ	ز	ي	ل	پ	ص	ی	ذ	غ	ص	چ	ب	د	ح
س	ی	ژ	غ	ک	ئ	ب	ح	و	ن	م	ک	ک	ژ
ش	ج	ک	ن	ئ	س	ش	ل	آ	د	خ	ی	س	گ
چ	ا	ي	و	س	و	پ	ش	ظ	ل	م	ک	ی	ن
ن	ت	ز	ش	غ	ک	د	و	پ	ی	ن	ث	ا	ا
گ	ت	ج	ی	آ	ط	س	ت	خ	م	م	ر	غ	ه
ا	آ	گ	د	خ	و	م	ا	ه	ی	ش	ق	د	ا
ل	ذ	چ	ن	و	ر	م	د	ل	ژ	ر	ا	ع	ر
ز	آ	ب	ی	ش	و	ی	و	ظ	ا	م	ش	م	ت
ل	ض	آ	ی	م	س	و	ی	ع	س	د	ق	ي	ش
ت	ش	ذ	گ	ز	ک	ه	ه	گ	ا	ر	س	و	ن
ظ	ت	ي	ص	ه	ث	ث	ف	ط	ز	ژ	ژ	ض	م

نوشیدنی
صندلی
قاشق
ناهار
خوشمزه
شام
آب
ادویه
چنگال
میوه

کیک
یخ
سبزیجات
تخم مرغ
ماهی
سالاد
نمک
گارسون
سوپ

22 - Couleurs

ص	ي	ر	ژ	ق	ر	ا	د	ج	ر	م	س	ق	ل
ق	ک	ص	س	ژ	ق	ر	م	ز	ب	ش	ف	ج	ا
ح	ق	ل	غ	م	خ	غ	آ	ب	ی	ز	ی	ز	ج
غ	ه	ئ	و	چ	ز	و	ف	ژ	ر	ت	د	ع	و
ص	و	ر	ت	ی	ر	ا	غ	ا	ر	ا	ذ	ئ	ر
ن	ه	ح	گ	و	د	ن	ژ	ژ	ج	آ	و	ث	د
ی	ا	ح	ش	ئ	ص	ی	ز	ف	ف	ش	ظ	ن	ی
ل	ی	ر	ف	ی	ر	و	ز	ه	ا	ی	ض	خ	آ
ی	خ	د	ن	ژ	ظ	و	ع	ب	م	ن	ص	ا	ج
س	ي	ن	ج	ج	ظ	ز	گ	ک	ک	ج	ش	ک	ث
ز	آ	ي	ث	ت	ی	ر	ر	ف	ت	ق	ط	س	م
س	ی	ا	ه	ج	ي	ش	ق	ض	ب	ف	ئ	ت	د
ص	ب	ن	ف	ش	د	ک	ش	ت	پ	ژ	ی	ر	چ
ک	خ	ز	د	ج	ک	ی	ی	خ	چ	م	ض	ی	و

ارغوانی
براون
سیاه
نارنجی
صورتی
قرمز
قهوه ای
سبز
بنفش

لاجوردی
بژ
سفید
آبی
زرشکی
فیروزه ای
خاکستری
نیلی
زرد

23 - Avions

س	و	خ	ت	ه	ت	ل	ا	ط	م	ز	ث	آ	ا
ا	چ	ث	ل	ى	ا	ا	پ	ر	و	ا	ن	ه	پ
خ	د	م	ه	د	ل	ر	ر	ج	ت	ب	ا	ر	م
ت	د	ب	خ	ر	ظ	ل	ت	ى	ه	ص	م	خ	ج
و	ي	ا	ه	و	ا	خ	ز	ف	خ	ت	س	گ	ا
س	خ	د	ر	ژ	ط	ل	ج	ر	ا	ق	ا	ز	ت
ا	ط	ک	خ	ن	ظ	ب	ذ	و	ق	ع	ف	و	م
ز	ث	ن	پ	ا	ظ	ا	ج	د	آ	ى	ر	ق	س
ز	ئ	ک	ق	ص	ب	ن	ب	ل	س	ث	آ	پ	ف
ا	ئ	ب	ا	د	ک	ر	د	ن	م	و	ت	و	ر
م	ا	ج	ر	ا	ج	و	ى	ى	ا	ج	ر	چ	ح
ت	م	ل	ج	ر	م	د	د	ق	ن	ط	ض	آ	غ
ف	و	ا	ب	ز	ف	د	م	ي	پ	ى	س	غ	ع
د	ط	ظ	ض	م	ا	ق	چ	ش	غ	ب	ا	گ	د

خدمه
باد کردن
ارتفاع
پروانه
تاریخ
هیدروژن
موتور
مسافر
خلبان
تلاطم

هوا
اتمسفر
فرود
ماجراجویی
بادکنک
سوخت
آسمان
ساخت و ساز
تبار
جهت

24 - Aventure

ض	ط	ج	ا	غ	آ	د	گ	ط	ژ	ن	خ	ر	آ
غ	ن	ه	ع	ذ	ک	ش	ف	و	ئ	ف	م	ن	م
گ	ش	ت	و	گ	ذ	ا	ر	ژ	ر	ت	ا	ر	ا
ج	ش	ی	ذ	ت	ش	ن	ص	ق	ن	م	ق	ص	د
ف	ط	ا	م	ن	ث	س	ت	ج	م	ی	آ	ذ	ه
ز	ب	ب	ث	آ	ژ	گ	ن	م	ع	پ	ي	ع	س
ض	ی	ی	ا	م	و	ظ	آ	ص	ج	ع	خ	ی	ا
پ	ع	ب	م	ش	ک	ل	ل	ا	ژ	پ	پ	ظ	ز
ش	ت	ص	ا	م	ت	س	ف	ر	ن	ا	م	ه	ی
ا	ج	ژ	ج	ی	چ	ی	ج	د	ی	د	ز	ج	ژ
د	ذ	ا	م	ح	ی	ا	ا	خ	ط	ر	ن	ا	ک
ی	د	ف	ع	ا	ل	ی	ت	ق	ا	ی	م	ن	ی
و	د	و	س	ت	ا	ن	د	ک	غ	ش	ا	ق	ص
و	و	ث	غ	ی	ر	م	ع	م	و	ل	ت	ق	و

غیر معمول
سفرنامه
شادی
طبیعت
جهت یابی
جدید
فرصت
آماده سازی
ایمنی

فعالیت
دوستان
زیبایی
شجاعت
شانس
خطرناک
مقصد
مشکل
اشتیاق
گشت و گذار

25 - Ville

م	ن	س	ط	ذ	گ	ذ	م	ب	و	ک	چ	ف	ر
د	م	ی	و	خ	ا	گ	و	ا	ر	س	چ	ظ	ف
ر	ا	ن	د	پ	ل	غ	ج	ز	ز	ج	د	ئ	خ
س	ی	م	ا	گ	ر	ل	چ	ا	ش	ح	ي	پ	ف
ه	ش	ا	ن	ل	ی	م	د	ر	گ	ب	ا	ن	ک
ر	ف	آ	ش	ف	ت	ل	ا	ش	ا	ش	ه	ک	ض
س	ر	و	گ	ر	س	ط	ر	ر	ه	ش	ت	ژ	غ
ت	و	ز	ا	و	ب	ذ	و	ظ	ک	ف	ل	ق	ذ
و	د	ث	ه	ش	غ	ص	خ	آ	خ	ت	ي	س	ا
ر	گ	ج	ط	ئ	ک	ت	ا	ب	ف	ر	و	ش	ی
ا	ا	م	و	ز	ه	ن	ن	ا	ن	و	ا	ی	ی
ن	ه	ژ	چ	گ	م	ش	ه	ب	ا	غ	و	ح	ش
ک	ت	ا	ب	خ	ا	ن	ه	آ	ث	ت	ع	م	خ
د	ر	م	ا	ن	گ	ا	ه	ظ	ع	خ	ئ	ر	م

فرودگاه
بانک
کتابخانه
نانوایی
سینما
درمانگاه
مدرسه
گلفروش
گالری
هتل

کتابفروشی
بازار
موزه
داروخانه
رستوران
ورزشگاه
سوپرمارکت
نمایش
دانشگاه
باغ وحش

26 - Cuisine

م	د	چ	م	م	ا	س	س	ز	ط	چ	ض	ر	آ
ل	چ	س	ق	ی	ي	ک	ص	ص	ح	ن	ث	ص	ف
ا	م	پ	ت	ف	ع	ک	ئ	چ	ا	گ	ا	ق	چ
ق	آ	ز	س	م	ی	خ	چ	ا	ل	ا	چ	م	س
ه	ع	ژ	پ	ت	ا	ج	ف	ق	ئ	ل	ع	ع	ژ
ک	ت	ر	ی	و	ی	ل	ر	و	ز	ک	چ	پ	ر
ک	ا	س	ه	ق	ب	ک	س	ب	ض	ش	ع	گ	ئ
و	د	ر	ت	ف	ا	ئ	ک	ف	ر	ی	ز	ر	ف
ز	و	س	ث	پ	ئ	ش	ج	س	ر	ش	ع	ی	س
ه	ی	ق	ز	ی	ل	ع	ق	ي	ط	ه	ا	ل	ل
س	ه	ي	گ	د	غ	ث	ث	ظ	خ	ث	س	ص	ئ
ق	ف	ئ	ک	ف	ا	غ	پ	گ	ئ	ح	ف	ت	ن
غ	ت	آ	ص	ی	ن	ذ	ق	ز	ل	ژ	ن	غ	ص
ض	و	گ	ف	ر	ک	ا	و	چ	م	ت	ج	چ	ق

فر
چنگال
گریل
ملاقه
غذا
شیشه
یخچال
دستمال سفره
صحن

چپستیککس
کاسه
کتری
فریزر
چاقو
کوزه
قاشق
ادویه
اسفنج

27 - Corps Humain

پ	د	ط	ظ	ح	ب	ل	چ	ا	ن	ه	ح	ژ	ل
ت	و	ز	غ	ظ	گ	س	ی	ذ	ن	ي	ق	چ	ي
ش	ژ	س	ص	ل	ل	و	ل	ز	غ	گ	ز	گ	ژ
ی	ظ	خ	ت	آ	گ	و	ش	ا	ن	ه	ش	ذ	ف
ج	ض	پ	ت	آ	ر	ن	ج	ن	ئ	ث	ذ	ت	ک
ح	س	ي	ث	ي	د	ز	ز	و	ب	پ	آ	ب	ظ
ض	د	ذ	ص	غ	ن	خ	ص	س	ش	ئ	ش	د	ث
ش	ش	ق	ف	ل	ک	ط	ا	ر	ج	پ	ش	ح	ت
ص	و	ر	ت	خ	و	ی	ع	ث	ظ	خ	ق	د	س
د	ه	ا	ن	و	ئ	چ	ب	ی	ن	ی	ل	ب	پ
م	ي	ق	آ	ن	ب	ب	ر	ح	ک	ژ	ب	ي	ر
چ	ع	ر	ع	ب	ص	ا	ي	ص	ک	و	ظ	چ	م
پ	م	د	س	ت	ي	غ	س	ج	ا	ژ	ف	ذ	غ
ا	ط	خ	ه	ک	ا	ذ	ق	ن	ش	پ	ق	د	ز

لب
دست
فک
چانه
بینی
گوش
پوست
خون
سر
صورت

دهان
مغز
مچ پا
گردن
آرنج
قلب
انگشت
معده
شانه
زانو

28 - Épices

ش	ز	ف	و	ف	ط	ث	ي	گ	خ	ا	غ	ز	پ
ن	ا	ح	ظ	ح	ذ	ذ	ث	ش	ژ	ک	م	ن	ن
ب	م	ث	ط	ص	ش	ی	د	ن	ه	ز	و	ج	ا
ل	چ	ع	و	ه	ر	ی	ز	ی	ل	خ	ت	ب	پ
ی	م	ج	ض	خ	ن	ک	چ	ز	ر	ظ	ز	ی	د
ل	ه	ن	ا	ی	ز	ا	ر	ظ	ن	ذ	ی	ل	پ
ه	ر	ص	ط	ف	س	ر	ر	ت	ل	ئ	خ	ل	ت
پ	ظ	خ	ق	ی	ا	ی	ت	ذ	ذ	ز	ن	ک	ر
ی	ي	ر	ر	ل	و	ب	ث	ش	ع	ذ	ق	ا	ش
ا	ز	م	ر	ق	ل	ف	ل	ف	د	ژ	غ	ک	ي
ز	س	ع	ز	ظ	ذ	ح	ر	ل	ل	ی	ی	ش	س
ژ	ر	ن	ی	چ	ر	ا	د	ف	ش	ی	م	آ	ز
ش	ج	ئ	ل	ی	ن	ا	و	ل	ک	ش	م	ا	ق
ن	ا	ی	ب	ن	ی	ر	ی	ش	ک	د	ح	ذ	ن

ترش
سیر
تلخ
دارچین
هل
گشنیز
زیره
کاری
رازیانه
شنبلیله

زنجبیل
جوز هندی
پیاز
فلفل قرمز
فلفل
شیرین بیان
زعفران
طعم
نمک
وانیل

29 - Science

م	پ	ج	ج	گ	آ	ذ	ع	ذ	ز	ب	ز	ع	م
و	ش	ک	ش	ي	ل	ز	ک	ر	ر	ن	ص	ص	و
ا	ج	ا	ذ	ب	ه	آ	م	ي	و	ا	و	ت	ل
د	غ	ت	ه	ش	گ	چ	چ	ا	ش	ر	ت	ي	ک
م	ز	م	د	د	ش	ح	ح	ق	ی	ق	ت	ا	و
ع	و	ژ	ع	ا	ه	ئ	ک	ي	م	ش	غ	ق	ل
د	ئ	ص	خ	د	ص	ف	ر	ض	ی	ه	ژ	ل	ه
ن	ژ	م	ف	ه	ع	س	ت	ن	ا	م	ح	ی	ا
ی	ط	ب	ی	ع	ت	ی	ر	ذ	ی	ق	ا	م	خ
ف	ی	ز	ی	ک	س	ل	ت	ش	ی	ل	غ	ز	ط
ف	ا	ر	گ	ا	ن	ی	س	م	ت	ک	ا	م	ل
ت	ز	ن	آ	ز	م	ا	ی	ش	گ	ا	ه	گ	ص
د	ا	ن	ش	م	ن	د	م	ق	ک	ل	ک	ب	ت
ذ	ر	خ	ئ	س	ظ	م	ک	ظ	د	چ	ق	ي	ت

اتم
شیمیایی
اقلیم
داده
آزمایش
تکامل
حقیقت
فسیلی
جاذبه
فرضیه

آزمایشگاه
روش
مواد معدنی
مولکول ها
طبیعت
مشاهده
ارگانیسم
ذرات
فیزیک
دانشمند

30 - Chats

ح	چ	گ	ش	ب	پ	چ	ض	پ	گ	س	ر	ش	ق
ک	غ	ش	ک	م	ا	و	س	ل	ن	پ	ج	خ	ز
خ	ي	س	ا	س	ظ	ز	خ	ش	ف	ج	پ	ص	ژ
و	ت	ص	ر	ت	ن	ی	ی	چ	ف	ب	ه	ی	خ
ا	س	ذ	چ	ق	س	ل	ژ	گ	ط	و	پ	ت	ن
ب	ي	ن	ی	ل	س	ر	ی	ع	و	ح	ش	ی	د
ز	ث	ک	ن	ک	ن	ج	ک	ا	و	ش	ض	خ	ه
ن	خ	ژ	س	خ	غ	م	د	ژ	ی	ف	ح	ذ	د
ر	ا	ب	غ	ج	ت	ق	ی	ر	ي	ض	ئ	ن	ا
ث	گ	ئ	ر	ا	ا	ئ	و	ص	ل	ف	ع	ل	ر
ب	ی	و	ک	ل	و	ق	ا	ن	د	غ	س	س	ن
ر	ز	ط	ص	ت	ل	ع	ن	ش	پ	ف	ظ	ف	خ
ش	ق	ت	ی	ی	ع	آ	ه	چ	ط	ش	ن	و	ر
ث	ي	چ	چ	خ	ص	س	ژ	ذ	ع	ز	ئ	د	م

شکارچی
کنجکاو
خواب
خنده دار
بازیگوش
نخ
دیوانه
خز
مستقل

پنجه
شخصیت
کم
دم
سریع
وحشی
ماوس
خجالتی

31 - Vêtements

گ	ي	ب	س	ف	ح	د	ا	ش	ژ	و	ظ	و	ر
ب	ر	ض	ط	ح	چ	آ	س	ل	ز	ئ	ژ	ث	و
ک	ل	د	ر	ق	غ	ق	ژ	و	ک	ل	ا	ه	س
ز	ص	ح	ن	ش	ئ	ژ	ق	ا	م	د	س	آ	ر
م	ن	ک	ذ	ب	ع	آ	ژ	ر	د	ا	غ	آ	ی
ذ	د	ط	ک	ب	ن	ر	پ	ج	و	م	ئ	ع	ک
د	ل	ف	ج	غ	ي	د	ی	ی	گ	ن	پ	ج	م
س	س	ج	و	ر	ا	ب	ر	ن	ش	ل	و	ا	ر
ئ	ج	ت	ژ	ا	ک	ت	ا	ث	ع	ب	ک	ب	ب
آ	غ	ص	ب	ص	ا	ک	ه	د	ذ	ا	ز	ل	ن
خ	ب	ت	ف	ن	د	ف	ن	ق	س	س	ق	و	د
ج	پ	ا	ا	س	د	ش	ذ	غ	ض	ت	ن	ز	چ
ص	د	ي	غ	گ	ت	ل	ژ	ز	غ	ژ	ک	ک	ظ
ل	ب	ا	س	خ	و	ا	ب	ا	گ	ژ	ت	ش	س

دستبند
کمربند
کلاه
جوراب
کفش
پیراهن
بلوز
گردنبند
روسری
دستکش

شلوار جین
دامن
کت
مد
شلوار
لباس خواب
لباس
صندل
صحن
ژاکت

32 - Arts Visuels

ش	ک	ا	ر	پ	خ	ف	س	د	ج	چ	گ	د	ش
چ	ا	ش	ي	ق	ا	ی	ک	آ	ق	غ	ل	ئ	ذ
ی	ژ	ب	خ	ث	ک	ل	ط	ل	غ	ظ	د	ط	ن
ب	ج	پ	ل	ذ	ر	م	ع	م	ا	ر	ی	ز	ص
ز	غ	گ	ا	و	س	د	و	ک	ث	ت	م	ر	ت
ل	ت	چ	ق	ئ	ن	ا	ج	ث	س	ث	د	ب	ر
پ	س	خ	ی	خ	و	د	ک	ا	ر	پ	غ	ژ	ک
ر	ق	ه	ت	ن	م	ج	س	م	ه	س	ا	ز	ی
ت	ن	و	پ	ق	و	س	ل	ل	چ	خ	س	ص	ب
ر	ي	خ	ح	ا	م	ذ	س	ي	ف	ز	چ	ب	ب
ه	ژ	و	ئ	ش	ی	ش	س	ر	ا	م	ی	ک	ن
پ	چ	ض	ق	ی	گ	ه	ن	ر	م	ن	د	ظ	د
ش	ا	ه	ک	ا	ر	ظ	ر	آ	ط	ا	ی	ژ	ی
چ	ش	م	ا	ن	د	ا	ز	م	ب	چ	ن	غ	ع

معماری
خاک رس
هنرمند
سرامیک
شاهکار
سه پایه
موم
ترکیب بندی
گچ
مداد

خلاقیت
فیلم
نقاشی
چشم انداز
عکس
شابلون
پرتره
مجسمه سازی
خودکار

33 - Méditation

پ	م	ش	ا	ه	د	ه	ر	چ	ک	و	ر	ن	گ
ط	ذ	ه	ن	ی	ر	ب	ر	ش	ز	ج	ض	غ	ع
ز	س	م	ر	ع	چ	ز	ذ	م	ذ	ظ	ص	و	ظ
ص	ل	ح	ش	ب	ط	ح	ئ	ا	و	ض	ز	ض	ح
پ	ذ	ی	ر	ش	ا	ئ	آ	ن	ط	ب	ی	ع	ت
ث	ز	ر	خ	پ	ر	ن	ص	د	خ	چ	م	ی	و
ا	ح	س	ا	س	ا	ت	ی	ا	ل	غ	و	ت	ج
ت	ن	ف	س	ئ	غ	و	د	ز	ی	ص	س	ب	ه
ط	ق	ی	آ	س	ک	و	ت	ج	و	و	ی	ی	ظ
ق	د	ر	د	ا	ن	ی	غ	ذ	ن	غ	ق	د	ث
ب	ژ	ز	ف	ط	ض	ا	ث	ث	غ	ب	ی	ا	ظ
ش	ف	ق	ت	آ	ر	ا	م	غ	ل	ي	ش	ر	ح
خ	ئ	ي	ع	ک	س	ط	ت	ل	ا	ط	ف	ص	ي
ع	ا	د	ا	ت	و	ی	و	ظ	د	ک	ث	و	ز

پذیرش
توجه
آرام
وضوح
شفقت
احساسات
بیدار
مهربانی
قدردانی
عادات

ذهنی
جنبش
موسیقی
طبیعت
مشاهده
صلح
چشم انداز
وضعیت
تنفس
سکوت

34 - Littérature

د	س	ت	گ	ف	م	ت	ی	ر	ع	ش	ب	ا	ن
ا	ن	م	گ	ج	ژ	ر	ی	و	ا	ر	ی	ذ	ر
س	ق	ق	ه	ی	ف	ا	ق	ع	ق	ح	و	ر	ع
ت	س	ا	ی	د	ژ	ا	ر	ت	گ	پ	گ	خ	ی
ا	ح	ی	ا	ژ	س	ا	ر	ی	ذ	ذ	ر	گ	ي
ن	س	س	غ	ت	ن	گ	م	ل	ن	آ	ا	ی	ح
س	ب	ه	ع	ه	پ	ح	ا	و	گ	ت	ف	گ	ک
ل	ک	ا	ژ	ظ	ج	ی	ن	گ	س	ا	ی	ق	ا
ي	ر	ع	ت	ژ	پ	ت	و	ذ	ی	گ	پ	ز	ی
ه	ظ	ش	ش	د	ی	ک	ی	ج	س	ح	س	ع	ت
غ	خ	ی	ر	ج	ح	م	س	خ	ظ	آ	ک	ع	ژ
د	ظ	ض	ه	د	ت	ک	ن	ع	ل	ی	ل	ح	ت
ف	خ	ی	خ	چ	ف	م	د	پ	ت	م	و	ک	ز
پ	ژ	ح	ی	ع	ث	گ	ه	ش	ا	ب	ک	ل	ک

استعاره
راوی
شعر
شاعرانه
قافیه
رمان
ریتم
سبک
تم
تراژدی

قیاس
تحلیل
حکایت
نویسنده
بیوگرافی
مقایسه
نتیجه
شرح
گفتگو
داستان

35 - Nourriture #1

غ	ض	ف	ل	ل	ت	ن	ق	غ	ق	ر	ش	ا	ت
ي	ل	ع	چ	ب	د	م	ن	ه	س	ی	ل	ئ	و
ظ	گ	ل	ا	ب	ی	ک	د	ر	و	ل	غ	ا	ک
ع	ل	ا	س	ف	ن	ا	ج	د	پ	ه	م	ش	ف
پ	ی	ا	ز	ر	ی	ح	ا	ن	ب	ی	ا	آ	م
ظ	م	پ	ت	ی	ی	ن	آ	ص	ز	د	ه	ط	ک
ر	و	پ	غ	و	ذ	د	ب	خ	آ	ز	ی	ح	ر
ت	ط	ک	ط	ي	ت	ه	و	ی	ج	چ	ت	ع	ط
ژ	د	ئ	ي	ق	آ	ف	گ	ح	ط	د	ن	ر	ی
آ	ر	ی	ع	ت	ش	ی	ر	ج	آ	ا	ظ	ج	ص
ث	چ	ن	گ	و	ش	ت	ي	ن	و	ر	ر	س	ا
ا	ع	ص	ت	ص	س	ط	ز	گ	گ	چ	گ	د	ظ
س	ا	ل	ا	د	س	ی	ر	ض	س	ی	ج	ي	ر
ر	ع	ف	ف	خ	ع	ف	ی	پ	ذ	ن	ح	ف	ت

- سیر
- ریحان
- قهوه
- دارچین
- هویج
- لیمو
- اسفناج
- توت فرنگی
- آب
- شیر

- شلغم
- پیاز
- جو
- گلابی
- سالاد
- نمک
- سوپ
- قند
- ماهی تن
- گوشت

36 - Jours et Mois

ج	غ	د	ن	ژ	ط	ش	ت	پ	م	ع	ع	م	ج
م	ث	م	و	ض	ت	ح	م	آ	ش	ذ	ژ	ا	و
ع	ر	ا	ا	ش	ش	پ	ج	ل	غ	ن	ب	ر	ل
ه	ط	ه	م	پ	ن	ج	ش	ن	ب	ه	ب	س	ا
ح	ث	ذ	ب	خ	ف	ب	ث	چ	ض	ح	ژ	ه	ی
ژ	ط	ج	ر	س	آ	خ	ه	چ	ل	ظ	ک	ش	س
ح	ا	ر	ل	ف	و	ر	ی	ه	ف	ت	ه	ن	ث
ر	و	ن	ظ	ز	ر	د	ک	ا	پ	ق	ط	ب	ق
ق	ت	ر	ن	ض	ی	ا	ش	ر	ک	ر	پ	ه	و
س	ف	ث	ي	گ	ل	د	ن	ش	ث	ت	گ	ظ	ژ
س	پ	ت	ا	م	ب	ر	ب	ن	ن	ق	ب	ع	ز
ژ	ا	ن	و	ی	ه	د	ه	ب	د	و	ح	ر	ح
ل	ج	ظ	ج	ص	ئ	ز	ط	ه	د	ی	ا	س	ب
غ	ق	ظ	ث	ض	پ	ئ	گ	ح	د	م	ح	ث	ا

اوت
آوریل
تقویم
یکشنبه
فوریه
ژانویه
پنج شنبه
جولای
خرداد
دوشنبه
سه شنبه
مارس
چهارشنبه
ماه
نوامبر
اکتبر
شنبه
هفته
سپتامبر
جمعه

37 - Championnat

غ	ت	ذ	ص	ر	م	ل	ع	ق	ع	ز	ف	م	ل
ح	ی	د	پ	ص	ظ	ط	م	د	ا	ل	س	س	ص
ق	ژ	پ	ر	چ	و	گ	ل	ش	ژ	ح	ژ	ا	ج
ر	ق	ژ	ش	پ	چ	ت	ک	ر	س	ز	ل	ب	ش
گ	ا	ع	ق	ا	س	ت	ر	ا	ت	ژ	ی	ق	ط
ت	ض	ض	ص	ب	ص	ژ	د	گ	م	ض	گ	ا	ا
ف	ی	ن	ا	ل	ی	س	ت	م	د	ع	ب	ت	ج
پ	ح	م	ق	ا	ض	ل	ع	ق	ط	ا	ب	د	م
ی	ض	و	ف	ه	س	ز	ر	ه	ج	ص	ث	چ	ئ
ر	ج	ر	ک	چ	ر	ت	ی	ر	ت	ط	ژ	ی	غ
و	ض	ز	ج	د	غ	م	ق	م	ض	ر	ض	ض	خ
ز	آ	ش	و	ذ	ب	ر	ا	ا	ن	گ	ی	ز	ه
ی	و	ي	ث	گ	ج	ب	و	ن	م	ق	ئ	ن	ژ
م	ژ	م	ش	م	ی	ی	گ	چ	ی	ت	ئ	آ	و

قهرمان
قهرمانی
استقامت
مربی
تیم
فینالیست
قاضی
لیگ

مدال
انگیزه
عملکرد
ورزش
استراتژی
مسابقات
تعریق
پیروزی

38 - Pirates

ع	ط	ص	ض	ت	ر	ا	غ	ا	ي	ح	ط	ش	ط
ن	ش	پ	ه	ک	س	ف	گ	ش	ن	ش	ر	ق	ل
ب	خ	پ	ش	ز	پ	س	ط	م	ر	ا	ک	س	ا
ن	و	ر	ط	ل	ش	ا	ز	ش	ز	س	ي	ا	ئ
د	ب	چ	م	ر	گ	ن	ل	ی	ت	ل	ط	ح	ذ
ج	و	م	ج	خ	ط	ه	ئ	ر	ق	ئ	چ	ل	م
ز	ي	ج	د	پ	و	س	و	ن	ا	ی	ق	ا	ب
ی	ف	م	ت	د	ط	ض	م	ر	ق	پ	ج	ن	گ
ر	ه	ن	ا	ت	ی	پ	ا	ک	ی	ر	ا	گ	ا
ه	ی	و	ج	گ	ح	آ	ي	ت	ا	ن	چ	گ	ظ
ن	ص	س	ج	ث	ل	ي	ج	ج	ظ	ق	ئ	ر	ق
ا	ح	ا	ظ	خ	ج	ل	و	ت	چ	ش	ئ	پ	ع
ئ	ژ	گ	خ	گ	گ	ی	ب	ط	ج	ه	ب	ث	ی
ع	د	ر	ط	خ	ی	ح	ق	گ	ي	ع	ز	ش	ي

لنگر
ماجراجویی
کاپیتان
نقشه
اسکار
خطر
پرچم
شمشیر
خدمه
غار

جزیره
افسانه
بد
اقیانوس
طلا
طوطی
سکه
ساحل
رم
گنج

39 - Activités

ب	ا	غ	ب	ا	ن	ی	آ	ش	ي	ر	ي	ب	ت
ق	ظ	ط	د	ع	خ	ح	غ	ث	ذ	گ	ذ	ث	ک
ع	م	ی	ر	ر	و	ت	ع	گ	گ	ي	ا	ب	م
ض	ک	ج	ص	ث	غ	ف	ژ	ح	ي	غ	ب	ظ	پ
پ	ی	ا	د	ه	ر	و	ی	م	ه	ا	ر	ت	ی
گ	ق	د	س	ر	ا	م	ی	ک	ن	ل	ف	ح	ن
د	و	و	ر	ی	ف	ئ	ط	ن	ر	ق	ع	ش	گ
خ	و	ا	ن	د	ن	ر	ق	ص	ظ	د	ا	و	م
آ	ر	ا	م	ش	م	ن	ا	ف	ع	و	ل	ش	و
م	ا	ه	ی	گ	ی	ر	ی	غ	ظ	خ	ی	ک	ی
ص	ن	ا	ی	ع	د	س	ت	ی	ت	ت	ت	ا	ظ
ق	ئ	ت	ض	ذ	ل	ي	م	گ	ح	ث	ي	ر	آ
غ	آ	ق	آ	س	ذ	ع	ژ	ق	ر	ش	آ	ي	ل
گ	ک	م	و	د	ت	گ	ق	ی	ث	ب	خ	گ	ي

فعالیت
هنر
صنایع دستی
کمپینگ
سرامیک
شکار
مهارت
دوخت
رقص
منافع

باغبانی
خواندن
فراغت
جادو
نقاشی
ماهیگیری
عکاسی
لذت
پیاده روی
آرامش

40 - Fleurs

ظ	ا	ن	ف	ز	ی	و	گ	ظ	ئ	ق	ظ	پ	ک
ظ	ف	ل	ی	ن	ب	خ	ل	خ	ل	گ	ت	ل	ب
د	م	ص	ش	ب	ح	ر	ب	ش	ب	د	ر	و	ح
غ	ی	ئ	خ	ق	چ	ح	ر	ح	آ	ط	ز	م	د
ن	ب	ز	ث	ک	ک	ي	گ	خ	ر	ج	ئ	ر	س
ي	ق	ث	ی	ج	ظ	و	ش	ش	ز	ذ	ن	ی	ت
ه	ی	ب	ی	س	ک	و	س	خ	گ	ض	چ	ا	ه
ا	گ	ا	ر	د	ن	ی	ا	ا	ص	س	م	ع	گ
گ	ر	ش	س	ی	گ	ف	م	ش	ص	ص	ک	م	ل
آ	چ	ک	ا	س	ط	و	خ	و	د	و	س	ل	م
ی	ش	ز	ی	م	ا	گ	ن	و	ل	ی	ا	ذ	س
ص	ق	ا	ص	د	ک	ی	ن	ر	گ	س	ط	گ	ا
ص	ی	ز	ص	چ	ه	ص	ا	ج	ث	ت	ج	ح	ز
گ	ل	خ	و	ر	ش	ی	د	ل	ا	ل	ه	و	ژ

دسته گل
گاردنیا
هیبیسکوس
یاس
نرگس
اسطوخودوس
زنبق
ماگنولیا
دیزی

ارکیده
خشخاش
گلبرگ
قاصدک
پلومریا
رز
گل خورشید
شبدر
لاله

41 - Nourriture #2

ا	ن	م	ل	ذ	ک	گ	ض	ص	ا	آ	م	ج	ب
ق	ا	ا	ي	ب	ل	د	ق	ک	ز	چ	و	گ	ت
ق	ن	ه	ک	ا	م	ل	ر	پ	ط	پ	ز	و	ر
ا	ک	ی	ف	د	ب	ر	ن	ج	ث	ک	د	ج	ت
ر	چ	ر	ض	ا	ر	ز	گ	ی	ک	پ	د	ه	ل
چ	خ	ت	ف	م	و	م	ی	ن	س	ی	ظ	ف	چ
چ	ي	خ	ض	س	ک	ظ	ل	ط	د	ر	غ	ر	چ
ا	ط	م	ف	ر	ل	ظ	ا	ر	د	م	ژ	ن	ظ
ن	ژ	م	ر	د	ی	ک	س	ا	چ	گ	ب	گ	ش
ب	ا	ر	ش	غ	ش	ی	ق	ن	ن	ن	ژ	ی	ک
ه	م	غ	ا	ظ	ق	و	ي	گ	ط	س	ی	ب	ل
م	ب	ق	ض	س	د	ی	ک	و	ت	د	ع	ش	ا
ث	و	ل	ب	ح	ر	چ	ف	ر	ت	چ	ظ	ق	ت
ض	ن	ب	ا	د	م	ج	ا	ن	س	ن	ن	ز	و

بادام
بادمجان
موز
گندم
کلم بروکلی
گیلاس
کرفس
قارچ
شکلات
ژامبون

کیوی
انبه
تخم مرغ
نان
ماهی
سیب
مرغ
انگور
برنج
گوجه فرنگی

42 - Sons

خ	ن	ق	ب	ل	س	س	ف	ث	س	ح	ژ	ش	پ
ف	ن	ص	س	ث	ع	گ	ظ	ع	ت	خ	ت	چ	ر
ي	ج	د	آ	ئ	پ	غ	ژ	خ	غ	ز	چ	ذ	س
ر	و	ا	ه	ئ	ئ	ط	ت	ض	ن	ا	ل	ه	ر
پ	ا	ه	ر	ظ	ت	ن	آ	آ	ت	ف	ع	ک	و
ت	ب	ا	ع	ن	غ	ی	م	ژ	ی	م	ی	غ	ص
ز	ر	ل	ق	ا	ق	ن	ع	ی	ذ	م	ص	آ	د
ل	ر	ث	ی	ت	ت	ا	س	ر	ف	ه	ث	ح	ا
گ	ر	و	ه	ک	ر	ن	ظ	ه	چ	ف	ک	ح	آ
ض	ا	ز	ر	ف	چ	د	ص	ا	ف	گ	ح	ق	پ
گ	ر	ح	ش	ز	ر	ا	ک	چ	ا	ط	ب	ب	ح
گ	ذ	ک	ع	د	ئ	ز	ی	و	ک	ق	گ	س	ل
ر	آ	ذ	ج	ن	ث	ا	ت	س	و	ت	پ	م	ل
ژ	ژ	ک	ن	س	ر	ت	ک	ر	ا	ر	ی	ط	ض

تکراری
طنین انداز
خنده
سوت
آژیرها
سرفه
لرزش
صداها

کف زدن
پر سر و صدا
نجوا
گروه کر
بل
کنسرت
اکو
ناله

43 - Océan

ن	ذ	س	ظ	ث	ر	ع	ظ	م	م	ا	ز	ز	ع
ا	خ	ت	ا	پ	و	س	ئ	ا	ا	ی	م	ض	ر
ذ	م	ا	س	ف	ن	ج	ق	ر	ط	ه	گ	ح	و
ت	ر	ح	ا	ک	ذ	گ	ذ	م	ق	ئ	ی	و	س
ل	ج	پ	ط	ض	ط	و	ف	ا	ن	ح	خ	ع	د
ل	ا	ک	پ	ش	ت	م	ذ	ه	ژ	ن	ر	ح	ر
ذ	ن	م	ق	ا	ی	ق	ک	ی	ع	ه	چ	خ	ی
خ	س	ا	م	و	ا	ج	ض	چ	ک	ن	ن	و	ا
ض	س	ه	ت	ئ	ذ	ع	ع	ش	ل	گ	گ	ث	ی
ع	ی	ی	غ	ت	پ	ه	د	ر	ی	ا	ی	ی	ی
ب	ي	ت	غ	س	خ	آ	ظ	ل	ف	ک	ط	خ	ص
ن	ا	ن	و	ل	ا	ص	ئ	ض	ف	ص	ب	چ	د
م	ع	ج	ل	ب	ک	د	ر	ی	ا	ی	ی	ح	ف
ک	و	س	ه	ا	ئ	ت	ط	ف	ش	غ	ن	ژ	ط

عروس دریایی
ماهی
اختاپوس
کوسه
تپه دریایی
نمک
طوفان
ماهی تن
لاک پشت
امواج

جلبک دریایی
مارماهی
نهنگ
قایق
مرجان
خرچنگ
میگو
دلفین
اسفنج
صدف

44 - Remplir

ش	ی	ش	ه	ب	ش	ک	ه	ف	م	ج	س	ط	ل
ی	ک	ح	ئ	ط	ت	ق	گ	ف	ج	ق	ص	ت	ک
ل	ط	ل	د	ر	ج	آ	ظ	ص	ر	ز	ث	ي	گ
چ	ژ	ق	ض	ی	ت	ص	ل	ی	ق	ب	ي	ظ	ت
ر	ز	ح	ق	ص	ز	ذ	ج	گ	ط	س	ل	ح	ض
ط	ل	ر	ن	د	س	پ	چ	ع	ح	ت	و	ذ	ظ
ژ	ض	غ	ص	ج	ی	ب	م	و	ب	ه	ل	ظ	ن
ث	ک	ا	ر	ت	ن	ع	د	ع	ج	ه	ه	ح	گ
گ	ش	ی	پ	ن	ی	پ	ا	م	ف	ک	ش	و	ل
ژ	ت	ي	س	ف	و	ا	ن	گ	ج	پ	ح	و	د
ل	ی	ل	خ	ه	آ	ک	ظ	ل	خ	و	و	چ	ا
خ	ن	ف	پ	ز	ي	ت	ر	چ	و	ش	ض	م	ن
خ	پ	خ	ت	ع	ق	ئ	ل	ا	ص	ه	ه	گ	ظ
ذ	ب	ن	ن	د	گ	ئ	ل	ب	ئ	ر	ت	ژ	ب

وان
بشکه
حوضه
جعبه
بطری
کارتن
پوشه
پاکت
کشتی
سبد

بسته
سینی
جیب
شیشه
کیسه
سطل
کشو
لوله
چمدان
گلدان

45 - Ballet

ر	ق	ص	ن	د	ه	خ	ع	ا	غ	ث	ح	ر	ک
ط	ی	ا	ث	آ	د	چ	ه	ن	ر	ی	ت	پ	ث
ن	ز	ت	ژ	س	ت	ش	ط	ف	س	ک	ک	ش	آ
ا	ش	ژ	م	ژ	م	آ	ب	ر	ا	ز	ن	د	ه
د	ر	ق	ا	ص	ه	و	و	ا	و	ذ	ی	ت	ن
ق	م	ک	ض	م	ا	پ	س	د	ن	م	ک	غ	گ
ظ	چ	و	س	گ	ر	ط	ب	ی	ي	ی	ث	ل	س
ع	ض	ل	ا	ت	ت	گ	ک	ي	ق	ر	ق	ص	ا
ض	ل	ق	گ	م	ر	ی	ح	ي	ت	ی	ح	ل	ز
ظ	غ	ک	ح	ر	غ	گ	ض	ت	ب	ک	ش	ع	د
ب	ش	ع	ق	ی	د	ذ	ح	ي	ش	ی	ج	ط	غ
ف	ژ	خ	ق	ن	ن	ل	ق	د	ف	ر	ر	ز	م
ذ	ن	ظ	ج	ی	س	ظ	ذ	ث	خ	ل	گ	ز	ز
ث	ت	ک	د	و	ع	ث	گ	ژ	ب	ف	چ	ب	ش

هنری
رقاصه
رقص
مهارت
آهنگساز
رقصنده
رسا
ژست
برازنده

شدت
عضلات
موسیقی
ارکستر
تمرین
ریتم
انفرادی
سبک
تکنیک

46 - Fruit

ج	ق	غ	ژ	ذ	غ	ج	ک	ی	چ	ت	ژ	ز	خ
ظ	د	د	ی	و	آ	و	و	ک	ا	د	و	ک	گ
ز	ب	ج	ک	پ	آ	ن	س	ی	ب	غ	ت	و	ت
ع	ص	ج	ژ	ذ	ذ	ع	ا	ن	ب	ه	ض	گ	س
ز	خ	م	آ	ج	ط	ث	س	ن	ر	آ	ط	و	ت
ژ	ر	ن	ذ	م	م	پ	ا	پ	ا	ی	ا	ا	س
گ	ب	د	ع	ل	ي	ت	ژ	آ	ص	س	ظ	و	ا
ت	ز	آ	آ	پ	پ	ن	م	ل	ی	م	و	ا	ض
ذ	ه	ي	ا	ل	م	د	و	ش	ک	ل	ژ	ق	گ
گ	ل	ا	ب	ی	و	ک	ز	ل	ک	ک	ی	و	ی
ی	و	ن	ا	ر	ن	ج	ی	ی	ا	ن	گ	و	ر
ژ	د	ل	ظ	ن	ر	ت	د	ل	گ	ی	ل	ا	س
و	س	ش	ژ	چ	د	ب	گ	ظ	ذ	ض	ش	ل	ب
ق	گ	پ	س	ش	ف	ظ	د	ض	ط	ژ	ظ	ث	ن

زردآلو
آناناس
آووکادو
توت
موز
گیلاس
لیمو
شکل
تمشک
گواوا
کیوی
انبه
خربزه
شلیل
نارنجی
پاپایا
هلو
گلابی
سیب
انگور

47 - Surf

ع	و	ژ	د	خ	ي	ع	گ	ش	ژ	ت	ص	ج	ع
ک	ل	غ	س	خ	ل	ي	ف	ا	ب	پ	ط	م	ص
غ	ح	ر	ذ	ک	س	ي	چ	ق	ر	ه	ش	ع	ن
م	ح	ب	و	ب	ر	ر	پ	ی	ه	د	آ	ی	ر
خ	خ	ط	ن	چ	ع	ط	ع	ا	ق	ر	ش	ت	ص
چ	ش	ط	ض	ح	ت	ت	م	ن	ی	ی	م	و	ج
و	گ	ک	ر	ج	گ	گ	ف	و	م	ا	ب	ا	ئ
ر	آ	و	ظ	ط	ض	ض	ر	س	ع	ی	ت	س	ن
س	ب	ک	ض	ي	ف	د	ط	ا	د	ی	د	ت	م
ط	ش	ف	ر	ل	ک	ث	ح	ح	ه	و	ی	ح	ک
ع	و	ق	ی	ح	ي	ز	ف	ل	ع	ر	د	ک	ص
غ	ف	س	ر	گ	ر	م	ک	ن	ن	د	ه	ا	ق
ذ	ض	غ	ع	ح	ح	ض	ر	ژ	ص	ث	گ	م	ض
پ	ق	گ	ز	ن	و	ر	ز	ش	ک	ا	ر	ت	ذ

سرگرم کننده
ورزشکار
قهرمان
مبتدی
معده
مفرط
استحکام
جمعیت

فوم
اقیانوس
ساحل
محبوب
تپه دریایی
سبک
موج
سرعت

48 - Technologie

ض	ذ	آ	ر	ت	ن	ئ	ث	ظ	ع	ر	ص	غ	ر
خ	ب	ئ	م	ر	و	ر	گ	ر	ث	ژ	ف	و	ک
ئ	د	ا	چ	ا	ی	ب	م	د	گ	چ	ح	ق	ا
ژ	پ	ی	ا	م	ر	ا	ج	ا	ن	م	ه	ی	م
ی	ژ	ن	ج	ن	و	ی	ا	د	ف	ز	ن	ل	پ
خ	و	ت	گ	ی	س	ت	ز	ه	ظ	ز	م	آ	ی
ز	ه	ر	ب	ت	ت	چ	ی	م	د	د	ا	گ	و
ب	ش	ن	ق	ظ	ت	ا	ژ	ک	غ	و	ی	ر	ت
ک	آ	ت	پ	ح	و	ب	ل	ا	گ	ر	ش	و	ر
ش	ژ	ع	غ	ر	ي	ر	آ	ن	ل	ب	ژ	آ	ض
گ	ي	ذ	پ	غ	ث	ث	ر	ن	ل	ی	ب	ف	پ
ر	ق	ب	ط	ز	ص	ا	ز	م	ئ	ن	ر	ا	ي
ب	ح	ن	پ	س	غ	ل	ت	ا	س	ص	ط	ی	ش
ز	ک	پ	گ	ج	آ	ن	ص	ق	ل	خ	ذ	ل	ل

مرورگر
دیجیتال
بایت
کامپیوتر
پژوهش
امنیت
آمار
مجازی
ویروس

وبلاگ
دوربین
مکان نما
داده
صفحه نمایش
فایل
اینترنت
نرم افزار
پیام

49 - Météo

د	ا	ح	ف	ط	چ	م	ی	ل	ق	ا	آ	و	ط
ر	ذ	ث	چ	ي	غ	ئ	و	ن	ش	ت	ر	ر	غ
ج	ط	ش	و	پ	ق	ف	ج	چ	ض	م	ا	ا	ظ
ه	ب	ع	ک	ی	ف	ک	م	ل	ی	س	م	ر	ظ
ح	ض	ق	غ	ز	پ	ر	ص	آ	ا	ف	ر	ط	ض
ر	د	ط	غ	م	ط	ن	س	گ	ز	ر	ش	ج	و
ا	ر	ب	ا	و	ي	م	ر	ئ	ر	ر	د	ن	ت
ر	ن	ی	ب	چ	ا	م	ی	ل	ا	س	ک	ش	خ
ت	گ	ظ	ا	ن	س	ق	م	ط	ن	ا	ف	و	ط
چ	ر	ر	د	ی	ط	غ	ا	پ	و	م	ی	س	ن
ق	د	ل	ر	خ	ذ	ق	ف	ه	م	ق	چ	ت	ص
خ	ب	ی	ش	ش	ن	ا	م	ک	ن	ی	گ	ن	ر
غ	ا	ش	ل	ک	س	ح	و	ذ	ی	غ	پ	ث	ژ
ی	د	ل	آ	پ	ظ	ن	ب	ن	خ	ش	ش	ی	ث

ابر
قطبی
خشک
خشکسالی
درجه حرارت
طوفان
تندر
گردباد
گرمسیری
باد

رنگین کمان
اتمسفر
نسیم
مه
آرام
آسمان
اقلیم
یخ
مرطوب
سیل

50 - Châteaux

ش	ا	ه	ز	ا	د	ه	ا	ز	غ	خ	ي	ج	ر
م	گ	س	گ	ج	ر	آ	ژ	ا	ش	م	ي	ر	ح
ش	ل	ل	ب	غ	ژ	ئ	د	گ	ئ	ن	ذ	ص	ب
ی	ط	س	پ	ج	م	ح	ه	ی	ر	ج	ق	ن	ض
ر	ت	ل	خ	ک	و	ل	ا	چ	ش	ن	گ	ص	ز
ی	س	ه	ش	ث	ح	س	ث	ا	د	ی	و	ا	ر
ز	ي	پ	ج	ز	پ	ل	پ	ذ	ئ	ق	گ	ق	ه
چ	ی	خ	ر	ت	ا	ج	ش	و	ا	ل	ی	ه	ل
ض	م	ر	ظ	ط	د	س	ی	ا	ه	چ	ا	ل	ظ
خ	ش	ز	د	ف	ش	خ	ن	د	ق	پ	ث	آ	ع
د	آ	ص	پ	غ	ا	آ	ض	ز	ل	ئ	ت	ش	ز
ن	ج	ی	ب	ظ	ه	چ	ی	ک	ع	ح	ژ	م	گ
ر	ش	ي	ش	ک	ی	ص	چ	د	ه	ک	ز	ض	ن
ا	م	پ	ر	ا	ت	و	ر	ی	ب	ر	ج	ژ	ظ

زره
سپر
منجنیق
اسب
شوالیه
تاج
سیاه چال
اژدها
سلسله
امپراتوری

شمشیر
قلعه
خندق
دیوار
نجیب
قصر
شاهزاده
پادشاهی
برج

51 - Randonnée

ش	ک	ئ	ظ	ح	ح	ض	ل	آ	ا	ج	ل	ا	س
ث	ف	م	ف	ط	ی	ز	ث	م	ق	و	ي	ز	ظ
ص	ک	ز	پ	ب	ک	و	ع	ا	ل	ر	ح	ض	ا
خ	و	ر	ش	ی	د	م	ب	د	ی	ا	ي	ش	ث
ر	ه	ي	ژ	ع	ن	پ	ب	ه	م	ه	ع	ر	ی
ه	ر	ب	م	ت	ر	گ	ح	س	و	ن	ح	م	ل
ا	ا	ض	ظ	ش	ض	ف	ی	ا	آ	م	س	خ	ض
پ	گ	ل	و	ز	ج	گ	و	ز	ظ	ا	ظ	ئ	ک
آ	ز	ي	ط	ی	ب	ط	ا	ی	ج	ه	ی	م	آ
ث	ب	چ	ث	خ	ط	م	ن	ص	ه	ا	چ	ی	ث
پ	ن	ک	و	س	ط	و	ا	ذ	ت	ح	ع	پ	ژ
خ	ق	م	آ	ت	ن	ر	ت	س	ن	گ	ی	ن	ي
د	ش	ه	م	ه	چ	ر	ا	س	ض	ض	خ	آ	ز
ث	ه	م	ق	ل	ن	ظ	ی	ت	ض	گ	پ	ب	ص

حیوانات
چکمه
کمپینگ
نقشه
اقلیم
خطرات
آب
صخره
خسته

راهنماها
سنگین
کوه
طبیعت
جهت
آماده سازی
وحشی
خورشید
اجلاس

52 - Meubles

ي	ط	ج	ص	ن	د	ل	ى	پ	ک	م	د	ج	ا
ل	ا	م	پ	ى	ز	ي	ت	ر	ئ	آ	ف	ز	ي
ل	ع	ر	ط	م	ف	م	ذ	د	ف	ل	و	د	د
ق	ق	ف	ض	ک	و	س	ن	ه	ظ	ل	ت	ظ	ژ
ث	س	ف	ج	ت	ت	ب	ا	ن	و	ج	و	ن	خ
ف	ژ	ص	س	ص	ش	ت	ل	ف	ر	ش	ن	م	ض
ق	ف	س	ه	ه	ک	ذ	ک	ژ	ا	ق	ي	ى	ب
ي	ز	آ	ب	ي	ک	ر	د	غ	س	ت	ش	ز	ا
م	آ	ئ	س	ي	آ	ت	ک	گ	ظ	س	س	ظ	ل
ش	ظ	ز	چ	ن	ط	م	ا	غ	ژ	ر	ئ	ت	ش
ن	م	ز	ر	ن	ض	ت	خ	ب	ط	ح	ک	ق	پ
ب	آ	ق	آ	ح	ج	ش	ج	آ	ل	ذ	ق	ق	ت
ظ	ل	ج	ذ	ض	ض	آ	ا	ط	م	ظ	ع	ث	ک
آ	ى	ن	ه	ج	ت	خ	ت	ع	ض	ج	ا	ذ	ح

نیمکت
قفسه کتاب
میز
صندلی
کمد
کوسن
قفسه
فوتون

بانوج
لامپ
تخت
تشک
آینه
بالش
پرده
فرش

53 - Art

ف	ض	ک	ز	ص	ا	د	ق	ت	ت	گ	غ	ل	ب
ی	ر	پ	ن	گ	ی	ب	ی	ا	ن	م	ا	د	ص
ع	خ	م	و	ع	ج	ش	خ	ص	ی	ج	ل	ن	ر
ئ	ا	ع	ن	ي	ا	ح	ق	ل	ت	س	ه	ن	ی
ک	و	ف	ث	س	د	ک	آ	ی	ف	م	ا	ح	ض
س	گ	ز	د	و	پ	ا	ش	ذ	ظ	ه	م	د	س
د	م	خ	ب	ر	س	ی	ی	ک	آ	س	گ	ش	گ
ژ	ظ	چ	غ	ر	ا	ر	چ	ر	ل	ا	ر	خ	ی
ح	ا	ل	ت	ئ	د	ن	ا	ی	چ	ز	ف	غ	ر
ن	ا	ش	ع	ا	ه	ژ	ص	م	د	ی	ت	پ	آ
ط	د	ف	ص	ل	ب	غ	ق	ع	ی	ه	ه	ژ	و
آ	ت	ر	ک	ی	ب	ق	ن	ر	ئ	ک	ظ	م	ئ
ن	ي	ش	ر	س	م	و	ض	و	ع	ت	ت	ل	ق
ش	ع	ر	ی	م	پ	ض	ک	ح	ل	چ	ث	ض	ئ

سرامیک	اصلی
پیچیده	شخصی
ترکیب	شعر
ایجاد	مجسمه سازی
بیان	ساده
شکل	موضوع
صادق	سوررئالیسم
حالت	نماد
الهام گرفته	بصری

54 - Nutrition

خ	ف	ل	ش	ئ	ب	ز	چ	ر	س	م	پ	ز	ژ
ج	و	ک	ا	ل	ر	ی	ئ	ث	ل	ش	چ	آ	ث
چ	ز	ر	ح	خ	ا	ص	ب	ق	ا	ا	پ	ئ	ز
خ	ن	ب	ا	ن	ر	ه	ز	ش	م	گ	ي	ع	د
ن	س	و	ش	ک	ژ	ق	ض	ا	ت	ل	خ	م	ر
س	و	ه	ت	ی	ی	ط	ش	م	ی	گ	و	ا	ئ
ف	س	ی	ه	ف	م	ص	پ	ر	و	ت	ی	ی	ن
ق	س	د	ا	ی	غ	م	ز	ا	د	ي	ت	ع	خ
ل	ص	ر	د	ت	ذ	ن	ف	ض	و	پ	ا	ا	ص
ف	غ	ا	ع	و	ا	ب	ق	ذ	د	آ	م	ت	س
ب	ذ	ت	چ	س	ی	ت	ک	م	ب	ا	ی	خ	س
ا	ث	غ	ئ	ا	ی	ط	ع	م	ث	س	ن	م	گ
ئ	چ	ک	ا	ل	غ	ث	ز	ک	ا	د	و	ی	ه
ن	گ	ث	ض	م	م	ت	ع	ا	د	ل	ي	ر	ئ

تلخ
اشتها
کالری
خوراکی
رژیم غذایی
هضم
ادویه
متعادل
تخمیر
کربوهیدرات

مایعات
وزن
پروتیین
کیفیت
سالم
سلامتی
سس
طعم
سم
ویتامین

55 - Science Fiction

ص	گ	ق	ت	ک	آ	ا	ن	ف	ج	ا	ر	ذ	ح
ج	ذ	آ	و	ت	ا	ت	ض	خ	ع	ا	ئ	ط	ر
ب	ع	د	ه	ا	و	م	ش	ی	ج	ه	ا	ن	م
ت	ح	د	م	ب	ر	ی	و	ا	چ	د	ي	د	ا
ش	ک	ع	ر	ه	ا	ح	ر	ل	ج	ض	ژ	ژ	ن
ک	ي	ن	م	ا	ک	س	س	ی	ن	م	ا	س	ج
ا	ه	ی	و	ز	ل	غ	ح	س	ن	ا	ر	ی	و
ک	ق	ک	ز	ل	د	ی	س	ت	و	پ	ی	ا	پ
م	ا	ظ	ش	خ	و	ف	خ	و	خ	م	ف	ر	ط
پ	آ	ض	ی	ا	چ	ژ	د	ئ	ض	ج	ف	ه	ن
ع	ئ	ژ	ی	ی	ن	آ	ی	ن	د	ه	ن	گ	ر
م	د	ی	ن	ه	ف	ا	ض	ل	ه	غ	ی	د	ژ
چ	پ	ذ	ص	ق	ت	ط	س	ح	س	ط	ذ	ا	ی
ذ	ک	ل	ک	ط	ج	ن	ذ	چ	ح	چ	ص	ر	گ

اتمی
سینما
دیستوپیا
انفجار
مفرط
آتش
آینده نگر
کهکشان
توهم
خیالی

کتابها
جهان
مرموز
اوراکل
سیاره
رمان
سناریو
تکنولوژی
مدینه فاضله

56 - Vertus #1

د	ک	ب	خ	خ	ا	ق	ا	ط	ع	ظ	ل	خ	ژ
ب	آ	ا	ذ	ن	ص	ا	ب	م	گ	ک	ض	ن	ت
ض	ي	ه	س	د	و	ب	ص	ی	ج	ذ	ا	ب	م
ح	ح	و	و	ه	س	ل	خ	ذ	م	خ	و	ب	ی
ف	ق	ش	م	د	خ	ا	ع	ص	ع	ا	ف	ظ	ز
ک	م	غ	ح	ا	ا	ع	ن	ج	س	ي	ر	ي	ر
چ	ا	ژ	پ	ر	و	ت	خ	ی	ل	ی	و	ن	ک
ظ	ل	ر	ر	ن	ت	م	ط	ط	ق	ح	ت	ف	ن
د	ژ	ب	آ	ی	م	ا	ق	خ	ب	پ	ن	خ	ج
ع	م	ل	ی	م	ن	د	پ	ر	ش	و	ر	پ	ک
س	د	ل	ذ	ع	د	ث	م	ج	ر	ج	ع	ئ	ا
م	ف	ی	د	ئ	ا	س	د	ض	چ	ا	ي	گ	و
ج	و	ف	ک	ل	ن	ئ	م	س	ت	ق	ل	ظ	ب
چ	ن	ق	ل	م	ه	ن	ر	ی	ذ	چ	ض	خ	ق

تخیلی
مستقل
باهوش
فروتن
پرشور
بیمار
عملی
تمیز
مفید

هنری
خوب
جذاب
کنجکاو
قاطع
خنده دار
کارآمد
قابل اعتماد
سخاوتمندانه

57 - Professions #1

ن	آ	ج	ح	ح	ک	ئ	ن	ح	و	س	آ	د	ز
و	ک	ت	و	ي	ئ	ش	ظ	ن	ى	ف	آ	ا	ت
ا	غ	ن	ش	ک	ح	ط	ل	ق	ر	ى	ز	م	ا
ز	پ	ى	ا	ن	ى	س	ت	ش	ا	ر	ش	پ	ث
ن	ب	آ	د	ب	ش	ل	گ	ه	ى	ز	ک	ز	پ
د	ص	ظ	ک	ا	چ	ا	ب	ن	ش	ش	ا	ش	ر
ه	آ	ح	ت	ن	ن	ذ	ن	گ	گ	ز	ر	ک	و
غ	ص	ش	ر	ک	د	ش	ذ	ا	ر	م	چ	پ	ا
ل	ظ	ح	ت	د	ط	ي	م	ر	ب	ى	ى	ر	ن
ئ	ظ	ج	و	ا	ه	ر	ح	ن	پ	ن	د	س	ش
گ	و	ى	خ	ر	ح	خ	ى	ي	د	ش	پ	ت	ن
س	ت	ا	ر	ه	ش	ن	ا	س	ق	ن	ل	ا	ا
ل	و	ل	ه	ک	ش	ص	ا	ص	ث	ا	ا	ر	س
ر	ق	ص	ن	د	ه	ي	ز	ف	چ	س	ت	س	د

سفير
ستاره شناس
وكيل
بانكدار
جواهر
نقشه نگار
شكارچى
رقصنده
مربى
ويرايشگر

زمين شناس
پرستار
دكتر
نوازنده
پيانيست
لوله كش
آتش نشان
روانشناس
دانشمند
دامپزشک

58 - Géologie

م	ذ	ا	ب	ک	ف	ر	س	ا	ی	ش	ی	م	گ
و	ک	س	غ	ژ	و	ق	ج	م	ذ	ا	ک	ن	د
ا	ر	ت	ض	ن	غ	ا	ر	چ	چ	و	ث	ط	ا
د	ی	ا	گ	م	ص	ر	ر	ط	ي	چ	ک	ق	ز
م	س	ل	د	س	ر	ه	ی	ت	گ	و	ل	ه	ه
ع	ت	ا	ف	ث	ن	ج	ف	ذ	ز	غ	س	ج	خ
د	ا	گ	ل	ی	ذ	گ	ا	ر	ف	س	ی	ل	ی
ن	ل	م	ا	ل	س	ش	س	ن	ل	م	م	ا	ع
ی	چ	ی	ت	ن	م	ک	ی	ي	غ	ذ	آ	ی	ز
ع	ت	ت	ئ	ژ	ژ	و	د	ف	ژ	ن	ص	ه	ک
ض	ي	ژ	ج	و	ی	ق	آ	ت	ش	ف	ش	ا	ن
ا	س	ت	ا	ل	ا	ک	ت	ی	ت	ب	خ	ش	ز
ح	م	ص	م	ک	خ	ا	ي	ئ	ق	و	ا	ژ	ئ
ظ	ش	خ	ی	ل	ط	ل	خ	ی	ح	ی	ن	د	س

اسید
کلسیم
غار
قاره
مرجان
لایه
کریستال
فرسایش
مذاب
فسیلی

گدازه
مواد معدنی
سنگ
فلات
کوارتز
نمک
استالاکتیت
استالاگمیت
آتشفشان
منطقه

59 - Cirque

ق	گ	ل	ب	ا	س	ط	ن	ج	ث	ت	چ	ج	ت
خ	ق	چ	ا	د	ر	ش	ی	ر	ا	ز	ز	ا	م
د	م	ز	ل	ظ	ع	ع	ط	ت	ب	د	ظ	د	ا
ف	ی	ل	ن	ل	ژ	ب	ح	ز	ب	م	و	و	ش
ب	م	د	ر	ژ	ه	د	ل	م	ر	ئ	ن	گ	ا
آ	و	س	ن	ئ	ز	ه	چ	ی	ج	د	م	ر	گ
ک	س	ر	ق	ی	گ	ب	ذ	م	ط	ل	ا	د	ر
ر	ی	گ	د	ج	گ	ا	ح	و	ظ	ق	ی	ظ	ج
و	ق	ر	ص	ط	ظ	ز	ی	ن	ت	ک	ش	ت	ب
ب	ی	م	ط	ف	ب	ج	و	ز	ل	و	ن	م	د
ا	ي	ک	ا	ن	ص	ی	ا	ذ	ف	ا	ث	ک	ئ
ت	ظ	ر	ا	ک	آ	ژ	ن	ر	ک	آ	ت	ي	س
ع	ف	د	ی	ئ	ف	پ	ا	ی	ر	ط	ر	ک	ف
خ	پ	ن	غ	ص	ز	آ	ت	آ	آ	ت	ث	ج	ژ

آکروبات
حیوانات
بالن
بلیط
دلقک
لباس
سرگرم کردن
فیل
شعبده باز
شیر

جادوگر
جادو
نمایش
موسیقی
رژه
میمون
دیدنی
تماشاگر
چادر
ببر

60 - Jardin

ز	آ	پ	ض	ن	ک	د	ب	خ	ج	ص	ح	گ	م
ئ	ش	چ	ر	ن	خ	و	د	ر	خ	ت	و	ل	ژ
د	ح	ت	ع	ش	ی	ا	ی	م	ک	ض	گ	ي	گ
ن	ت	ر	ا	م	پ	و	ل	ی	ن	ه	د	ف	ف
ئ	ب	ا	غ	ع	ل	ف	ه	ا	ی	ه	ر	ز	گ
ق	غ	س	ط	ژ	ب	آ	پ	ی	ض	ئ	ق	ق	و
ب	ت	چ	س	ل	خ	ت	ي	و	ک	م	ت	ل	ن
ب	ح	ا	ب	ظ	ا	ا	چ	ا	گ	ا	ر	ا	ژ
ب	ا	ن	و	ج	ک	ک	و	ن	ت	چ	ر	د	ص
ب	ی	ل	ش	ن	ک	ش	ل	ن	گ	ی	ف	ت	ز
ن	س	چ	س	ن	ی	م	ذ	ط	پ	ض	ظ	ص	ي
س	ع	ظ	م	ج	ت	م	س	پ	ن	ی	ص	چ	س
پ	خ	و	ل	ن	ت	ل	ک	ن	ر	د	ه	ع	ئ
ت	ش	ذ	ئ	چ	ئ	ئ	ج	ت	آ	غ	پ	ف	ب

درخت
نیمکت
بوش
نرده
برکه
گل
گاراژ
بانوج
چمن
باغ

علف های هرز
بیل
ایوان
شن کش
خاک
تراس
ترامپولین
شلنگ
تاک

61 - Barbecues

ش	د	ق	ض	ف	چ	ژ	ج	پ	س	ط	ی	چ	ن
پ	س	ب	ز	ی	ج	ا	ت	پ	س	ر	پ	ن	م
س	ب	پ	ب	ز	ا	غ	ق	د	ی	ن	ح	گ	ک
د	ي	ي	ک	ت	د	خ	خ	و	ز	ا	ث	ا	ژ
ئ	د	ل	ک	س	ع	آ	ش	م	ص	پ	ز	ل	ت
م	ک	س	س	خ	و	ف	م	و	س	ع	ل	ط	ی
ف	ل	ف	ل	ا	ت	گ	ر	س	ن	گ	ی	ع	ش
ظ	گ	م	ج	ن	ل	ف	ئ	ی	ع	ر	ت	ط	ا
ق	و	ر	ا	و	ش	ا	پ	ق	د	ی	ا	ص	م
ن	چ	غ	ص	ا	ع	ی	د	ی	ح	ل	ب	د	ی
ا	ب	ت	ک	د	ل	غ	پ	ج	ژ	ي	س	ا	و
ه	ض	ذ	و	ه	ح	ض	چ	ا	ل	ق	ت	غ	ه
ا	گ	و	ج	ه	ف	ر	ن	گ	ی	ک	ا	ب	ذ
ر	ض	ي	خ	ا	ش	ژ	ژ	ج	س	ي	ن	ث	ث

داغ
چاقو
ناهار
شام
تابستان
گرسنگی
خانواده
چنگال
میوه
گریل

دعوت
سبزیجات
موسیقی
پیاز
فلفل
مرغ
سالاد
سس
نمک
گوجه فرنگی

62 - Anniversaire

ا	ق	غ	ر	ی	ط	خ	ئ	ج	ش	ن	م	ش	ث
خ	ت	خ	د	ل	ي	ث	و	ع	ا	ل	ی	خ	ش
ا	گ	ب	ف	ئ	ض	ح	ک	ش	د	ک	پ	ی	چ
ص	ظ	ر	ا	ي	ف	گ	غ	م	ح	س	ق	ض	س
و	ک	چ	چ	ج	و	ا	ن	ف	ض	ا	ض	ن	ر
ن	ی	ش	ب	ر	ح	ف	ب	و	ق	خ	ل	ز	گ
ر	ک	ژ	و	و	خ	ي	ب	ل	ن	س	گ	ر	ر
س	ا	ل	ه	ز	ت	ژ	ذ	ی	ت	ر	آ	ئ	م
ح	ذ	ل	ث	م	ظ	ي	ه	ر	ق	چ	م	ي	ک
ک	ا	ر	ت	ا	ز	ص	ج	د	و	س	ت	ا	ن
م	ح	ئ	ب	ن	ب	س	ح	ع	ی	ت	و	ذ	ن
ت	ذ	ب	س	ظ	ش	ذ	ز	و	م	ه	ل	ق	د
ی	س	ژ	س	د	گ	ج	چ	ت	س	آ	د	خ	ه
د	م	ح	ت	ر	ا	ن	ه	ف	ث	آ	ذ	غ	د

دوستان
سرگرم کننده
سال
هدیه
تقویم
کارت
ترانه
جشن
کیک
خوشحال

دعوت
جوان
روز
شاد
متولد
حکمت
ویژه
عالی
زمان

63 - Animaux de Compagnie

و	ل	ط	ژ	ی	خ	غ	ف	ژ	ص	ح	ي	ف	ف
پ	ذ	غ	ط	ذ	ی	ر	س	ژ	و	ژ	ن	غ	س
گ	ر	ب	ه	آ	ت	ح	گ	ی	ص	ر	ظ	ت	م
د	د	س	گ	ط	و	ط	ی	و	آ	ص	ک	ت	ض
م	ا	ه	ی	ئ	ل	ف	ز	ی	ش	ئ	ش	پ	س
ا	م	م	ئ	ق	ي	ا	ل	چ	ز	ئ	ف	ن	ت
و	پ	س	ب	چ	ه	گ	ر	ب	ه	ق	ص	ج	ظ
س	ز	ت	ز	ض	ض	ت	ن	ر	ش	م	ض	ه	گ
ف	ش	ر	ي	ت	و	ز	ت	ن	ق	ظ	غ	د	ا
ی	ک	ذ	آ	ص	گ	ض	و	ا	ن	ق	ن	گ	و
م	ا	ر	م	و	ل	ک	ل	ا	ک	پ	ش	ت	م
غ	ذ	ا	غ	ژ	ظ	س	ه	ف	ف	ي	ط	ی	غ
ذ	ط	س	ژ	ح	ب	ش	س	ش	ع	ع	آ	ب	ق
ط	س	آ	ا	د	غ	س	گ	ک	ل	ی	ژ	ز	ح

گربه
بچه گربه
بز
سگ
توله سگ
یقه
آب
همستر
خرگوش
مارمولک

غذا
پنجه
طوطی
ماهی
دم
ماوس
لاک پشت
گاو
دامپزشک

64 - Forêt Tropicale

ئ	س	ط	ع	ح	ا	ا	ا	ذ	ل	و	ف	ح	ر
ب	ش	ب	ط	خ	ح	ب	ق	ا	ظ	ع	آ	ف	ت
ر	ز	ی	ل	ذ	ت	ر	ص	ل	چ	ژ	ب	ظ	آ
ت	ز	ع	ط	آ	ر	ه	ث	ت	ی	خ	ا	گ	ج
ت	پ	ت	ت	ز	ا	ا	ع	ر	ش	م	ا	ی	ن
آ	ن	ب	ا	آ	م	خ	ر	م	ن	پ	ر	ا	گ
ح	ا	و	ي	ن	گ	ز	ن	ی	د	خ	ز	ه	ل
ف	ه	م	ع	ی	ج	خ	پ	م	و	ش	ش	ش	ا
ض	ت	ی	ک	ک	ي	م	ر	ت	ز	ض	ر	ن	ب
و	ظ	ن	ر	ح	د	پ	ن	ج	ی	م	س	ا	ف
ح	ش	ر	ا	ت	ق	ف	د	م	س	ئ	ئ	س	د
و	ص	د	ی	ص	ا	ی	گ	چ	ت	ئ	ث	ی	گ
ض	پ	س	ت	ا	ن	د	ا	ر	ا	ن	ج	و	ئ
س	ئ	خ	د	ز	ش	غ	ن	ل	ن	ف	ر	چ	ر

دوزیستان
گیاه شناسی
اقلیم
انجمن
تنوع
بومی
حشرات
جنگل
پستانداران
خزه
طبیعت
ابرها
پرندگان
با ارزش
حفظ
پناه
احترام
ترمیم
بقا

65 - Insectes

ک	ق	م	پ	آ	س	ه	ک	ث	ت	س	ئ	خ	ض
ص	ی	ي	ر	ل	د	و	ر	ط	ا	ذ	و	س	س
ي	ر	گ	و	ظ	ي	ر	م	ذ	و	ی	ج	س	ن
ک	ئ	د	ا	م	و	ن	و	ض	ی	ح	خ	د	ک
ز	ج	ب	ن	ا	و	ت	ذ	س	غ	ع	ط	ض	گ
ن	ی	ج	ه	ن	د	ر	ل	ن	ج	م	ک	ط	ن
ب	ز	ض	ی	ت	ص	ح	ی	ج	ذ	و	ص	ع	پ
و	د	ن	س	ی	ک	ا	د	ا	ج	ر	پ	ش	ه
ر	ز	خ	ب	س	ک	ص	ی	ق	ن	چ	ز	ش	ج
ن	ي	چ	خ	و	ق	خ	ب	ک	ح	ه	ح	ک	ض
پ	ث	ث	ض	و	ر	ل	ا	ر	و	خ	خ	ن	آ
آ	آ	ث	ف	ف	ش	ع	گ	م	ل	خ	پ	پ	چ
غ	ا	ق	ح	غ	ف	ی	س	ذ	ش	ت	ه	ن	ع
ض	ت	س	ج	ش	ض	ی	ع	ل	پ	و	ا	ظ	ث

زنبور عسل
سوسک
سیکادا
لیدی باگ
مورچه
هورنت
زنبور
لارو
سنجاقک

مانتیس
پشه
پروانه
کک
شته
ملخ
موریانه
کرم

66 - Ferme #1

ق	پ	ذ	ز	خ	گ	و	س	ا	ل	ه	ف	پ	م
م	ز	ن	ب	و	ر	ع	س	ل	ئ	چ	ظ	س	و
ب	م	ک	و	د	ن	ق	گ	گ	م	گ	ظ	گ	ا
ا	ی	س	ذ	ث	س	ط	ش	چ	د	ژ	ف	ز	ع
گ	ن	گ	ا	و	ز	پ	ت	ر	ح	و	غ	ط	ز
ع	ه	ر	س	ش	ف	م	م	ی	آ	ح	خ	خ	ی
س	ت	و	د	ض	ع	گ	ل	ه	ژ	ق	ش	م	ث
ل	ک	ق	چ	ه	گ	ر	ع	ی	د	آ	ي	ر	ي
ع	ش	ی	ض	غ	پ	ب	خ	و	ک	ب	ط	غ	گ
غ	ا	س	ب	گ	ر	ه	ز	ن	ل	ر	گ	ز	ص
ح	و	آ	ت	س	ض	چ	ت	ج	ا	ن	ژ	د	ل
ق	ر	گ	ي	و	گ	ج	ع	ه	غ	ج	غ	و	ن
ن	ز	ل	ش	ژ	ی	د	ص	ض	ع	ز	خ	ج	ژ
م	ی	م	ط	ط	ث	م	ز	ح	ف	ج	ف	ص	پ

زنبور عسل
کشاورزی
خر
زمینه
گربه
اسب
بز
سگ
نرده
خوک

کلاغ
آب
کود
یونجه
عسل
مرغ
برنج
گله
گاو
گوساله

67 - Escalade

ز	ث	ض	غ	ئ	ک	ب	ص	ي	ع	پ	ج	ر	خ
غ	ف	چ	ط	ب	ل	س	ظ	ع	ا	ی	آ	ا	ا
ف	ط	ک	ز	ن	ا	س	ت	ح	ک	ا	م	ه	ب
ز	م	ی	ن	پ	ه	ر	ژ	خ	ن	د	و	ن	ق
ش	غ	ن	د	ذ	ل	ا	ی	چ	ج	ه	ز	م	ش
ا	ت	م	س	ف	ر	ر	س	ک	ک	ر	ش	ا	ث
ذ	پ	ت	ت	و	ل	ت	ئ	م	ا	و	ژ	ه	خ
غ	ا	ر	ک	چ	ژ	ف	ی	ه	و	ی	ث	ا	چ
س	ژ	م	ش	ر	ط	ا	ظ	ف	ی	ز	ی	ک	ی
س	پ	ر	پ	ق	ن	ع	ک	ا	ر	ش	ن	ا	س
ش	ع	ث	ب	ا	ت	ن	ق	ش	ه	ی	پ	ر	ح
ی	ث	ظ	ر	ض	چ	ق	ذ	گ	و	و	ش	گ	ظ
خ	و	پ	ش	ا	ن	ر	ح	ث	ط	ن	ف	آ	گ
ب	ظ	ح	ق	غ	ت	ث	ث	ا	ي	ل	گ	ژ	ا

ارتفاع
اتمسفر
چکمه
نقشه
کلاه
کنجکاوی
کارشناس
باریک
استحکام

آموزش
دستکش
غار
راهنماها
فیزیکی
پیاده روی
ثبات
زمین

68 - École #2

ک	چ	م	ش	ئ	و	ل	خ	ي	ژ	ش	ر	ژ	خ
چ	ط	ط	ش	ج	ش	ک	ن	و	ش	ت	ن	ص	ج
ز	ي	ک	و	ن	ا	د	ب	ی	ا	ت	آ	ت	خ
ئ	غ	ت	آ	ل	ژ	م	ح	س	ژ	ن	ی	س	ع
ک	غ	ذ	ش	ی	ا	د	گ	ی	ر	ی	د	ج	م
ت	ش	ف	ض	ف	ر	ه	ن	گ	ل	غ	ت	ن	ب
ا	ح	م	د	ا	د	ا	د	ظ	ر	و	ر	پ	ص
ب	گ	ص	ر	گ	م	ش	ق	ش	ب	ا	ر	ظ	پ
خ	آ	ظ	ی	ط	ف	ي	ظ	ض	ز	ظ	م	گ	ع
ا	ذ	ع	ا	ل	ع	ک	ا	غ	ذ	ع	ع	ر	ل
ن	و	ث	ض	گ	ا	ت	و	ب	و	س	ل	ش	م
ه	ژ	ع	ی	ل	ل	ت	ق	و	ی	م	م	ی	ض
ص	ک	ا	م	پ	ی	و	ت	ر	ب	آ	چ	ز	غ
ق	ی	چ	ی	ک	ت	ا	ب	ه	ا	ي	ص	ف	ج

فعالیت
یادگیری
کتابخانه
اتوبوس
تقویم
قیچی
مداد
مشق شب
فرهنگ لغت
معلم

نوشتن
تحصیلات
گرامر
خواندن
ادبیات
کتابها
ریاضی
کامپیوتر
کاغذ
علم

69 - Antarctique

ز	خ	م	و	ا	د	م	ع	د	ن	ی	ر	آ	ف
ا	ل	ح	ت	ب	ع	ا	چ	آ	م	خ	ا	ب	ص
ج	ی	ق	ا	ر	ه	ص	ن	م	س	ی	ک	پ	ح
غ	ج	ق	گ	ه	ج	ش	ب	ه	ج	ز	ی	ر	ه
ر	آ	ح	ف	ا	ظ	ت	ح	ا	ن	ي	خ	ن	د
ا	ئ	ا	ژ	ب	ل	د	ک	ج	ع	گ	آ	د	ر
ف	ک	ل	گ	آ	ذ	ث	ظ	ر	ن	ج	ص	گ	ج
ی	گ	س	ذ	ع	ع	ا	گ	ت	ن	ز	ي	ا	ه
ا	چ	ف	پ	ط	ل	د	ق	ق	ي	ا	آ	ن	ح
ظ	ق	ی	د	د	م	ل	و	م	ح	ی	ط	ا	ر
ش	ئ	ئ	ث	ی	ی	ص	خ	آ	ر	ر	گ	ز	ا
ژ	س	ا	آ	چ	غ	ش	ظ	ث	ش	ا	خ	ح	ر
ش	پ	ی	ش	چ	ک	ئ	ن	ص	ت	ظ	م	ع	ت
ت	و	پ	و	گ	ر	ا	ف	ی	ک	ک	گ	ت	و

خلیج
نهنگ
محقق
حفاظت
قاره
آب
محیط
اکسپدیشن
جغرافیا
یخ

جزایر
مهاجرت
مواد معدنی
ابرها
پرندگان
شبه جزیره
راکی
علمی
درجه حرارت
توپوگرافی

70 - Professions #2

د	ط	و	ا	ط	ئ	ف	ت	ی	د	ح	گ	ف	ظ
ق	ن	م	ع	ل	م	ی	ص	ج	ژ	س	ن	ض	ز
ع	ق	د	ق	ط	غ	ل	و	ل	ا	ا	گ	ا	ب
پ	ا	ق	ا	د	ي	س	ی	ي	ظ	ی	ک	ن	ا
آ	ش	ش	ئ	ن	غ	و	ر	م	ح	ق	ق	و	ن
خ	ل	ب	ا	ن	پ	ف	گ	غ	ه	د	م	ر	ش
ک	ب	ج	ئ	ل	پ	ز	ر	ص	ذ	ن	ص	د	ن
ا	ا	ر	ز	ی	س	ت	ش	ن	ا	س	د	پ	ا
ر	غ	ا	ن	د	ج	ت	غ	ک	ظ	گ	ع	س	س
ا	ب	ح	ب	گ	ع	ک	ا	س	س	چ	خ	ن	م
گ	ا	ظ	ن	ق	ا	ک	ت	ا	ب	د	ا	ر	خ
ا	ن	ت	ب	ي	ک	ر	ش	آ	ع	ا	ح	آ	ت
ه	ج	ا	ن	و	ر	ش	ن	ا	س	ش	پ	ئ	ر
ق	ض	خ	د	چ	ف	ف	پ	ز	ش	ک	ظ	ظ	ع

مخترع
باغبان
خبرنگار
زبانشناس
پزشک
نقاش
فیلسوف
عکاس
خلبان
جانورشناس

فضانورد
کتابدار
زیست شناس
محقق
جراح
دندانپزشک
کاراگاه
معلم
تصویرگر
مهندس

71 - Les Abeilles

و	خ	ض	غ	چ	س	م	م	ى	ض	گ	ح	ک	ت
ذ	ب	ا	ض	د	ن	و	ف	ح	ل	ت	غ	ن	ن
ز	ى	س	ت	ب	و	م	ى	و	ه	ف	ل	د	و
گ	غ	ئ	ب	گ	ا	ز	د	ح	ا	م	ب	و	ع
ى	ذ	ر	م	ح	ي	غ	و	غ	ي	و	س	ا	م
ا	ا	ژ	س	ش	ف	ر	د	ي	ئ	م	ل	ع	ل
ه	ح	چ	گ	ر	د	ه	ا	ف	ش	ا	ن	ي	ک
ا	گ	ر	د	ه	ز	ب	ر	ق	ذ	ک	خ	ک	ه
ن	ض	ئ	ذ	م	ى	ر	ش	ع	خ	آ	و	خ	د
ف	ض	چ	چ	ط	س	ض	س	و	ط	ظ	ر	ف	ع
گ	آ	ذ	ا	ر	ت	ذ	ع	ج	ب	ف	ش	ج	ه
ک	ص	ا	ئ	ط	گ	ي	گ	گ	گ	ذ	ى	ن	ق
ع	س	ل	ا	ک	ا	چ	ث	ک	ج	ف	د	چ	ژ
ر	ح	غ	ي	غ	ه	گ	م	ص	ذ	ل	م	ص	ص

حشره
باغ
عسل
غذا
گیاهان
گرده
گرده افشان
ملکه
کندو
خورشید

بال
مفید
موم
تنوع
ازدحام
زیست بوم
شکوفه
میوه
دود
زیستگاه

72 - Dinosaures

ت	ش	گ	م	س	د	د	ح	آ	ن	ذ	ن	ر	ظ
د	ک	آ	ی	ش	خ	ر	ت	چ	پ	ي	ت	پ	غ
ب	ث	ا	ژ	خ	ي	ث	چ	ي	ي	ق	ر	ت	ج
ض	ي	ط	م	م	ب	ی	غ	ج	ع	ئ	ع	و	ض
ک	آ	ئ	گ	ل	ا	ش	د	ف	م	خ	ل	ر	ذ
ت	خ	ئ	ق	ب	ل	م	م	ا	ح	گ	ط	گ	ئ
خ	گ	ي	س	ع	ب	گ	و	ش	ت	خ	و	ا	ر
ز	ی	ح	ق	ظ	ط	ش	ف	ت	ر	ش	ژ	ن	ز
ن	ا	پ	د	ی	د	ش	د	ن	ز	م	ی	ن	ذ
د	ه	ح	ر	م	م	ا	ن	د	ا	ز	ه	ف	ض
ه	خ	ج	ت	ر	چ	ب	ز	ر	گ	ط	پ	س	س
آ	و	ب	م	م	ا	ق	ب	ل	ت	ا	ر	ی	خ
ی	ا	ل	ن	ط	ع	م	ه	گ	ج	ق	ئ	ل	ط
ل	ر	آ	د	ث	م	ر	ر	غ	ئ	ص	ک	س	ب

بال
گوشتخوار
ناپدید شدن
عظیم
تکامل
فسیل
بزرگ
گیاهخوار
ماموت

ماقبل تاریخ
طعمه
قدرتمند
دم
رپتور
خزنده
اندازه
زمین

73 - Conduite

ا	ی	م	ن	ی	ک	گ	ع	ث	ج	ع	ث	چ	ع
ج	گ	ا	ر	ا	ژ	پ	پ	ر	م	م	ب	ص	پ
ک	ا	م	ی	و	ن	خ	ي	ح	خ	و	خ	ج	ل
غ	ز	گ	ظ	چ	ژ	ض	ر	چ	ف	ت	ت	م	ی
ب	ن	م	ت	ت	و	ن	ل	ح	ت	و	ض	و	س
ع	ا	ب	ر	پ	ی	ا	د	ه	ر	ر	غ	ر	ر
ت	خ	ن	ق	ش	ه	ن	ئ	ع	ا	س	م	س	ع
ص	ط	م	ا	ش	ی	ن	ژ	ا	ف	ی	پ	ز	ت
ا	ر	ق	آ	ش	س	م	ژ	د	ی	ک	ض	ک	ظ
د	ع	ذ	ف	پ	و	ا	ج	آ	ک	ل	م	ش	ف
ف	ف	د	ح	ث	خ	ی	ا	و	س	ت	ج	ئ	ص
ص	د	ظ	و	ک	ت	ر	د	ط	ز	ج	ق	ی	ح
ي	ش	ص	گ	ق	ت	ز	ه	ح	و	ب	ذ	ا	ن
ح	م	ل	و	ن	ق	ل	ف	س	ز	ن	ن	گ	ص

تصادف
کامیون
سوخت
نقشه
خطر
ترمز
گاراژ
گاز
مجوز
موتور

موتورسیکلت
عابر پیاده
پلیس
جاده
ایمنی
ترافیک
حمل و نقل
تونل
سرعت
ماشین

74 - Plantes

ظ	و	ظ	ظ	ی	ص	ج	گ	و	چ	خ	چ	ر	خ
ز	ن	د	گ	ی	گ	ی	ا	ه	ی	س	غ	ز	ز
ر	ی	ش	ه	و	ت	ک	ط	آ	ب	ی	ژ	م	ه
ش	گ	ج	ت	ئ	ص	و	ا	ش	س	ض	ث	پ	ع
د	ی	ن	د	ر	د	د	ر	ک	س	ف	چ	ا	ث
گ	ا	گ	ب	ج	پ	ر	د	ع	ت	ل	ب	چ	ب
ل	ه	ل	و	ب	ی	ا	خ	ن	و	و	ح	ز	ظ
ب	ش	ف	ص	ا	د	ذ	ذ	ت	ت	ر	س	و	ج
ر	ن	ن	چ	م	ن	ش	ا	خ	و	ب	ر	گ	ب
گ	ا	ث	ع	ب	و	ش	ي	آ	چ	ق	ض	ي	ا
ي	س	ک	ت	و	خ	ل	ط	م	ئ	چ	ب	ت	غ
پ	ی	چ	ک	ذ	ث	چ	گ	غ	س	ک	پ	ذ	ف
آ	خ	ط	پ	گ	ح	ث	ق	ذ	ز	ز	ش	ذ	ژ
غ	ل	ش	ظ	آ	ل	پ	ک	و	ط	ت	د	ث	ن

درخت
توت
بامبو
گیاه شناسی
بوش
کاکتوس
کود
شاخ و برگ
گل
فلور

جنگل
رشد
لوبیا
چمن
باغ
پیچک
خزه
گلبرگ
ریشه
زندگی گیاهی

75 - Ferme #2

ا	ئ	د	ز	چ	ج	س	ح	چ	ب	ب	ح	گ	ن
غ	ر	ع	ش	م	و	ح	خ	ذ	ب	ل	ی	و	ف
ص	ر	د	ل	ن	م	پ	ش	ش	د	م	و	س	ق
گ	ق	ذ	ک	ز	ک	ش	ا	و	ر	ز	ا	ف	ئ
ذ	ر	ت	ذ	ا	ج	پ	گ	ن	د	م	ن	ن	ب
د	ي	س	ح	ر	ش	ئ	ج	و	ت	ج	ا	د	ا
ض	پ	ش	ی	چ	ل	ا	م	ا	س	ق	ت	ب	غ
س	ب	ز	ی	د	ت	ن	آ	آ	ب	ی	ا	ر	ی
م	ی	و	ه	غ	ه	ب	ا	ي	ر	چ	ح	م	چ
ع	غ	چ	غ	ق	ت	ا	ف	ج	ه	خ	ر	ي	ز
پ	ذ	آ	خ	ز	ت	ر	م	ط	پ	ث	ف	خ	ا
ح	ا	ي	ی	ط	ش	ی	ر	ل	ح	آ	آ	ب	م
ت	ر	ا	ک	ت	و	ر	ع	ط	خ	س	آ	ق	ض
ش	ژ	غ	ر	ژ	پ	ق	ع	ف	ژ	آ	ت	غ	م

بره
کشاورز
حیوانات
چوپان
گندم
اردک
میوه
انبار
آبیاری
شیر

لاما
سبزی
ذرت
گوسفند
رسیده
غذا
جو
چمنزار
تراکتور
باغ

76 - École #1

د ج ف ت ص آ س پ ط آ ض ر ت پ
و ه ر ا م ش ر ا گ گ ی چ خ ق
س ر ا ه ا ن گ س ی ا ث غ ع غ
ت خ ص ظ غ ا ر خ ض د ا د م م
ا ی خ د ل ل م ی ش ف ت د س ل
ن ک ض ف ئ ن ک ث ث گ ذ غ ا ک
ن ت ب ی ل د ن ص ع ج ا ث ب ت
ش ا م ل ع م ن ر خ م م ل ق ا
ا ب ي چ ئ ي د ف ت ض ط گ ه ب
ن خ م ن ذ ع ه ح د ر خ ض ط ه
گ ا و گ ث ح ا پ ف ع غ ص ت ا
ر ن ل ز و ن ت و ی ذ ط ز ی م
ه ه ژ ب ا ک ط ش ع ی ش ر ر ع
ا ت ج ت ق ط غ ه م پ غ ج ش گ

الفبا
دوستان
سرگرم کننده
کتابخانه
میز
صندلی
مداد
قلم
ناهار
پوشه

معلم
امتحانات
کتابها
نشانگرها
ریاضی
شماره
کاغذ
مسابقه
پاسخ

77 - Vacances #2

س	ب	ض	خ	د	ص	ق	م	ب	ا	ج	و	ک	ئ
ف	ل	ح	ا	س	آ	ط	ث	آ	ز	ش	ی	پ	ق
ر	ر	ظ	ر	ر	چ	ا	ف	ی	خ	ص	ز	چ	ث
ی	م	گ	ج	ت	ص	ر	ر	د	ل	ژ	ا	گ	ف
ق	گ	ذ	ی	و	م	ه	و	م	ذ	خ	ع	ذ	ب
ظ	ن	ر	ز	ص	ح	ي	د	ف	ي	غ	ظ	ت	ن
ا	ق	ن	ج	ذ	ح	ف	گ	ن	ی	پ	م	ک	ئ
ع	ش	ا	ی	ل	پ	ر	ا	گ	ق	ع	ث	پ	غ
ک	ه	م	غ	چ	و	ا	ه	ی	ت	ذ	گ	ف	ژ
ق	ا	ه	د	ث	ط	غ	م	ی	س	ک	ا	ت	ر
ذ	ش	ر	چ	ا	ص	ت	چ	ج	س	خ	ح	ش	ز
ي	ی	ا	ف	ن	و	ث	ن	ا	ر	و	ت	س	ر
ا	د	ژ	ل	ت	ه	ل	ق	ن	و	ل	م	ح	و
ر	ق	ژ	ا	ت	ا	ل	ی	ط	ع	ت	چ	د	خ

فرودگاه
کمپینگ
نقشه
مقصد
خارجی
هتل
جزیره
فراغت
دریا
گذرنامه

ساحل
رستوران
رزرو
تاکسی
چادر
قطار
حمل و نقل
تعطیلات
ویزا
سفر

78 - Outils

ئ	پ	ث	ث	ا	ک	ت	خ	ق	م	چ	گ	ج	ض
چ	ا	ق	و	ج	ط	ر	ب	ق	ح	ش	و	آ	ر
ک	ا	ب	ل	د	ک	و	ی	و	غ	ح	ع	ح	ظ
ش	ع	ش	ی	ز	ک	ا	و	ی	ش	ک	گ	ل	ل
ي	ت	ن	ط	ظ	ف	ض	ظ	ط	ن	ا	ب	ع	ذ
س	ج	ب	م	ض	ح	پ	د	ي	ش	ش	چ	خ	ا
ن	پ	ف	خ	ن	ق	ی	چ	ی	ل	و	گ	ژ	س
ر	ت	ص	د	ن	گ	چ	ق	ع	ن	ر	ط	ز	ي
د	ث	ح	ص	ن	ت	ن	ز	ف	س	ن	ت	ک	ث
ب	و	د	د	چ	ب	ئ	ه	ت	ی	غ	چ	ن	ع
ا	خ	ب	ی	ل	ر	ق	ز	چ	خ	ب	ي	م	پ
ن	چ	س	ب	ک	ر	خ	ا	ن	ب	ر	د	س	ت
ط	ی	و	ئ	ل	ژ	خ	گ	ض	ط	ک	ل	پ	ک
ف	ط	ت	ک	ظ	ث	ئ	ش	ی	ف	س	ع	ع	د

منگنه
کابل
قیچی
چسب
طناب
چاقو
نردبان
تبر

پتک
چکش
بیل
انبردست
تیغ
چرخ
مشعل
پیچ

79 - Temps

د	ن	ه	ن	ا	ل	ا	س	ق	ل	ا	س	خ	ف
ق	ه	ه	د	ا	ث	ا	ت	پ	م	ک	ق	ص	ش
ی	ی	ج	ی	ژ	ع	ب	ق	ر	ح	ن	ب	ب	ي
ق	م	خ	ر	ت	ا	ه	و	و	ج	و	ل	ح	ي
ه	ا	ي	و	ض	م	ز	ی	ز	و	ن	ا	ش	د
ف	ه	ف	ز	ک	ج	و	م	ذ	ي	ف	ز	ت	ی
ت	ل	ز	ژ	ث	ز	د	ح	ی	ک	ث	ا	ب	ي
ه	ص	ک	ه	د	ن	ی	آ	و	ب	آ	د	ق	ث
پ	گ	غ	ا	ش	ق	ح	گ	ق	ط	ا	د	ر	ف
چ	ظ	ي	د	ث	ا	ت	ث	ط	ط	ق	س	ن	گ
د	ه	م	ب	ر	غ	د	خ	ي	آ	خ	ذ	ج	ژ
ر	ر	ا	ش	ذ	ن	ب	و	ل	ص	ش	خ	ج	و
ی	ئ	ح	ی	خ	غ	ئ	ق	ط	ش	ص	و	د	م
ص	گ	و	ب	ق	ر	ک	گ	م	ئ	ي	خ	چ	ئ

دیروز
روز
اکنون
صبح
ظهر
دقیقه
ماه
شب
هفته
قرن

سال
سالانه
امروز
قبل از
به زودی
تقویم
فردا
دهه
آینده
ساعت

80 - Maison

ل	ز	ی	ر	ز	م	ی	ن	ع	س	م	ج	ک	م
ب	ا	س	ث	ف	ذ	ک	ک	ص	غ	ز	ا	ل	س
ف	ی	م	ث	ص	م	ا	ت	ا	ق	ح	ر	ی	ق
ص	ر	ض	پ	ر	د	ه	ص	ا	ک	ف	و	د	ف
د	ص	ش	ش	و	م	ی	ن	ه	ب	ا	غ	ه	ظ
ی	ت	ظ	د	ر	ب	ج	ع	ح	ی	خ	ب	ا	ف
م	ئ	ز	و	ر	م	ک	ب	ق	ج	ر	ا	ض	ک
ح	ل	ر	ش	ج	ق	ژ	ک	م	ن	چ	ش	ن	ژ
ص	ا	س	غ	ر	ث	ئ	ا	ژ	ز	ن	ن	ق	ه
ف	ث	و	پ	چ	آ	ش	پ	ز	خ	ا	ن	ه	د
ر	ط	ع	ن	و	ی	گ	ا	ر	ا	ژ	ج	ر	ی
ا	ق	ث	ج	ش	ن	ئ	ژ	ن	آ	گ	پ	ش	و
ث	ت	ن	ر	د	ه	ئ	ي	ل	ذ	ز	ح	پ	ا
پ	ظ	ا	ه	ک	ق	ژ	ج	س	ژ	ت	غ	ر	ر

جارو
کتابخانه
اتاق
شومینه
کلیدها
نرده
آشپزخانه
دوش
پنجره
گاراژ

باغ
لامپ
آینه
دیوار
درب
پرده
کف
زیرزمین
فرش
سقف

81 - Légumes

ژ	ت	ن	ز	ص	ئ	ژ	ز	ی	ت	و	ن	چ	ب
م	ص	م	پ	و	م	ع	ع	ن	ئ	ي	ئ	پ	ر
ا	س	ف	ن	ا	ج	ق	ز	ب	ج	خ	ش	چ	ک
ج	ئ	و	ق	خ	ی	ا	ر	ت	آ	ب	پ	ل	د
ع	ع	غ	ک	ن	گ	ر	ف	ر	ن	گ	ی	ش	و
ی	ف	ف	س	ی	ر	چ	ن	ب	ک	ض	ا	ل	ت
آ	ض	ه	ر	ض	ز	ش	خ	چ	ا	ي	ز	غ	ن
ج	ح	ض	و	ی	ع	ژ	و	ه	ل	ل	و	م	ب
ح	ئ	و	ج	ی	ح	ظ	د	م	و	س	ی	ر	ل
ح	ي	ع	س	ف	ج	ز	ف	ن	ت	خ	ق	ک	ض
س	ا	ل	ا	د	م	ک	ر	ف	س	ی	ل	ع	آ
ح	ق	غ	ا	ض	ع	ظ	ن	ذ	ر	ش	غ	پ	خ
ب	ا	د	م	ج	ا	ن	گ	و	ر	ص	ف	ژ	ئ
ح	ک	ش	غ	ذ	ق	ا	ی	ر	ض	ا	ئ	ي	ق

اسفناج
زنجبیل
شلغم
پیاز
زیتون
جعفری
نخود فرنگی
تربچه
سالاد

سیر
کنگر فرنگی
بادمجان
هویج
کرفس
قارچ
کدو تنبل
خیار
موسیر

82 - Plage

د	خ	ز	ط	ح	ح	ژ	چ	ژ	ع	و	ب	ق	ت
خ	ر	چ	ن	گ	و	ح	ط	ف	آ	ت	ز	ا	پ
ن	چ	ی	س	ل	ل	ث	ر	ش	ث	آ	ق	ی	ه
ئ	ت	س	ا	ز	ه	ط	گ	ل	ج	ر	ت	ق	د
ق	ر	ا	ح	آ	س	ص	ي	ش	ز	ع	ع	ب	ر
ا	س	ک	ل	ه	ب	ن	ق	ا	ی	ق	ط	ا	ی
آ	ب	ی	ز	ا	ن	د	خ	و	ر	ش	ی	د	ا
ض	ل	ک	ظ	ح	ب	ل	گ	ظ	ه	غ	ل	ب	ی
خ	ي	و	پ	و	س	ت	ه	ص	س	ی	ا	ا	ی
ک	آ	ح	گ	چ	ش	ص	ت	آ	ق	ل	ت	ن	گ
ع	خ	ط	غ	ق	ظ	و	خ	ز	ز	ظ	ژ	ی	خ
و	غ	ث	ا	ق	ی	ا	ن	و	س	ا	ر	غ	ث
ل	ش	ی	پ	ظ	ط	ش	ژ	چ	خ	ر	آ	خ	ق
ش	ن	پ	ل	ح	ی	ز	ح	ظ	ذ	ش	خ	ژ	ئ

اقیانوس
چتر
تپه دریایی
شن
صندل
حوله
خورشید
تعطیلات
قایق بادبانی

قایق
آبی
پوسته
ساحل
خرچنگ
اسکله
جزیره
تالاب
دریا

83 - Famille

د	خ	ز	ج	ج	د	آ	غ	ض	ش	ز	ج	ع	ی
خ	و	پ	م	د	و	ع	م	و	و	ف	ض	ي	ض
ت	ا	ب	ف	د	ق	ج	ا	پ	ه	ژ	ظ	د	ت
ر	ه	و	پ	م	ل	ر	د	ک	ر	ع	م	ه	ي
ذ	ر	ث	د	ج	و	ص	ر	ئ	و	ق	ن	ل	ص
ئ	ز	ک	ر	ر	ه	ت	س	س	ا	د	ع	و	ن
ع	ا	ب	ظ	م	ا	خ	د	ث	پ	ش	ک	غ	ه
ع	د	ز	خ	ا	ک	غ	و	ي	ش	ی	ذ	ی	ر
ی	ه	ج	ظ	د	ی	ص	ئ	ا	د	ج	ض	ا	ق
چ	و	ط	ک	ر	ر	ئ	ز	ط	ه	و	ه	غ	ب
خ	ط	ف	و	ب	ض	ض	ژ	د	ک	ر	م	گ	ر
م	ط	ع	د	ز	پ	د	ر	ی	خ	ي	س	ژ	ا
ص	ق	ژ	ک	ر	ل	ي	ث	س	ص	غ	ر	ل	د
ت	ژ	ي	ض	گ	پ	د	ر	ب	ز	ر	گ	خ	ر

جد
کودکی
کودک
همسر
دختر
برادر
مادربزرگ
پدربزرگ
دوقلوها
شوهر
مادر
خواهرزاده
عمو
پدری
نوه
پدر
خواهر
عمه

84 - Oiseaux

ف	چ	غ	چ	ک	ک	پ	ط	ح	و	ا	ص	ی	ل
ل	ا	ج	خ	ل	ب	ن	ق	ا	ث	ب	ک	و	ک
ا	ب	خ	پ	ا	و	گ	ل	ی	و	خ	ب	غ	ژ
م	ر	ژ	ت	غ	ت	و	ک	ا	ن	و	ک	ت	ث
ی	ج	ذ	خ	ه	ر	ئ	ل	ض	ن	چ	س	پ	ظ
ن	ش	آ	م	ط	ذ	ن	ک	ل	چ	ن	گ	ل	س
گ	ت	ح	م	و	م	ح	گ	ض	آ	و	ن	ی	و
و	ر	ا	ر	گ	چ	س	ظ	ع	م	آ	ج	ک	ي
ز	م	ر	غ	خ	چ	آ	غ	ق	و	غ	ش	ا	ن
ث	ر	د	ض	ت	ل	ق	ن	ا	ر	ی	ک	ن	ذ
ب	غ	ک	ظ	ز	ص	س	ئ	ب	ز	س	خ	ي	خ
و	ش	ط	و	ط	ی	ر	ق	د	ع	س	ژ	ي	ا
ش	ف	ظ	ت	ص	ف	غ	ظ	ز	ش	ص	ش	م	ت
پ	ط	ع	چ	و	ق	ب	ز	ط	پ	ژ	ل	ز	ن

عقاب
شترمرغ
اردک
قناری
لک لک
کلاغ
فاخته
قو
فلامینگو
حواصیل

پنگوئن
گنجشک
تخم مرغ
غاز
طاووس
طوطی
پلیکان
کبوتر
مرغ
توکان

85 - Disciplines Scientifiques

ک	ا	ن	ی	ش	ن	ا	س	ی	ل	د	س	ت	ز
ظ	ج	ل	ز	ا	ی	م	و	ن	و	ل	و	ژ	ی
گ	ظ	ش	ت	ي	ز	ی	س	ت	ش	ن	ا	س	ی
آ	ی	ا	ع	ص	ا	ب	د	ص	ی	ه	ی	م	ب
ظ	پ	ا	آ	غ	پ	ط	ا	ن	ج	و	م	ز	ی
ت	گ	ز	ه	ز	ظ	گ	ئ	ن	ص	ا	چ	ی	و
ت	ب	و	م	ش	ن	ا	س	ی	ش	ش	ا	د	ش
ک	ت	ک	ف	ی	ن	م	ف	ص	ي	ن	ق	چ	ی
ع	ن	خ	ض	ق	ی	ا	ک	ص	ئ	ا	ا	ل	م
آ	ن	ا	ت	و	م	ی	س	ا	د	س	ف	س	ی
ذ	گ	ش	ث	ش	ی	م	ی	ی	ن	ی	ث	ن	ی
ر	و	ا	ن	ش	ن	ا	س	ی	گ	ی	و	ظ	گ
ت	ر	م	و	د	ی	ن	ا	م	ی	ک	ک	پ	ع
ج	ا	م	ع	ه	ش	ن	ا	س	ی	آ	ف	ذ	ا

آناتومی
نجوم
بیوشیمی
زیست شناسی
گیاه شناسی
شیمی
بوم شناسی
ایمونولوژی
زبانشناسی
مکانیک
هواشناسی
کانی شناسی
اعصاب
روانشناسی
جامعه شناسی
ترمودینامیک

86 - Émotions

پ	غ	گ	ر	ن	گ	ل	ظ	ت	ص	ژ	ا	ت	د
ب	ل	گ	ز	و	و	و	ی	م	ل	چ	ج	س	و
ث	ف	ي	ر	ف	غ	ص	ی	ص	ح	ظ	غ	ک	ک
ه	غ	م	و	ا	ن	د	و	ه	ک	ظ	خ	ی	ص
ط	م	ح	ي	گ	ب	ل	م	ط	س	ف	ج	ن	ح
پ	ر	د	س	پ	ا	س	گ	ز	ا	ر	ا	ض	ی
ط	خ	آ	ر	ا	م	ن	س	ن	ل	ل	ل	ک	ر
چ	ط	ش	ر	د	س	ن	س	ع	ت	ط	ت	ح	ش
غ	ژ	ع	م	ذ	ی	ی	و	ش	ر	ی	خ	ک	ظ
م	ه	ر	ب	ا	ن	ی	ت	ق	س	ج	ض	ط	ح
ح	د	ظ	ث	پ	آ	ث	پ	ن	ع	ئ	ن	ج	ت
ت	ن	ا	ع	ب	ش	و	خ	ز	خ	ظ	ي	ل	خ
و	پ	ع	ل	آ	ر	ا	م	ش	ز	ج	ن	د	و
ا	ب	ژ	ر	ع	ش	ا	د	ی	ج	ط	غ	گ	ب

عشق
آرام
خشم
محتوا
خجالت
کسالت
مهربانی
شادی
صلح

ترس
سپاسگزار
تسکین
راضی
همدردی
حساسیت
آرامش
غم و اندوه

87 - Géographie

ح	د	ع	ف	ن	ث	د	ط	ط	ا	ک	و	ه	گ
ذ	ي	ر	و	خ	ب	ر	ج	م	ن	ط	ق	ه	ن
آ	ژ	ض	م	خ	و	ی	ظ	ی	چ	ص	ل	ک	ص
ژ	ج	ج	ن	و	ب	ا	ی	د	ژ	ن	ر	س	ف
غ	ز	غ	ش	ه	ر	آ	ث	ث	آ	ذ	ن	ی	ا
ح	ی	ر	م	ا	ق	ی	ا	ن	و	س	س	ف	ل
گ	ر	ا	ا	ص	ل	گ	ز	ر	ح	ي	غ	ب	ن
ظ	ه	ف	ل	ا	م	ط	پ	ض	ت	ث	ر	ب	ه
ئ	ن	ی	م	ک	ر	ه	ن	ع	ض	ف	ب	س	ا
ض	س	ا	ض	ف	و	ج	ق	گ	ص	ض	ا	آ	ر
ب	چ	ی	ق	ا	ر	ه	ش	ع	ک	ذ	ل	ع	چ
م	ظ	ی	ض	ب	ا	ا	ه	ذ	ش	ت	ت	ژ	ل
م	ش	گ	چ	ف	ز	ن	ض	ج	و	ق	ح	ژ	ف
ر	و	د	خ	ا	ن	ه	ت	ن	ر	ل	چ	ذ	ا

ارتفاع
اطلس
نقشه
قاره
رودخانه
نیمکره
جزیره
عرض جغرافیایی
دریا
نصف النهار

جهان
کوه
شمال
اقیانوس
غرب
کشور
منطقه
جنوب
قلمرو
شهر

88 - Danse

ا	ح	س	ا	س	ا	ت	ج	ف	ژ	ج	م	ر	ک
ز	د	آ	ش	ج	ذ	م	م	ن	ا	چ	و	ی	ل
ش	ه	آ	ئ	ص	پ	ر	ش	ف	ب	ذ	س	ت	ا
ر	ح	ن	و	ض	ع	ی	ت	ر	د	ش	ی	م	س
ی	ب	ص	ر	ی	خ	ن	ئ	ه	ن	ي	ق	ز	ی
ک	گ	ر	ی	س	ط	ق	ق	ن	ج	ا	ی	ن	ک
ف	خ	ق	ئ	ک	د	خ	ب	گ	ق	ر	خ	م	ر
ر	ر	س	ا	س	ت	ی	ع	ی	ث	ژ	ذ	ت	س
ه	ع	ع	ل	ط	ن	س	ئ	ا	ل	پ	ش	ق	ت
ن	چ	ر	ق	ژ	ک	ت	ح	ع	ذ	م	ا	پ	د
گ	ع	ي	و	گ	آ	ظ	ی	آ	ک	ا	د	م	ی
ب	ح	غ	ظ	ب	آ	م	ج	س	ل	ض	و	ج	ر
م	چ	ز	س	ف	آ	م	ئ	ک	ئ	ف	ژ	ل	ج
ف	ی	ک	ع	ی	پ	ج	ق	ژ	ر	ق	ص	ر	د

آکادمی
هنر
رقص
کلاسیک
بدن
فرهنگ
فرهنگی
رسا
احساسات
گریس

شاد
جنبش
موسیقی
شریک
وضعیت
تمرین
ریتم
پرش
سنتی
بصری

89 - Bâtiments

ک	ث	ت	آ	ب	م	د	ر	س	ه	چ	س	ر	س
ح	ا	س	ی	ن	م	ا	ا	غ	ا	ت	ا	ص	و
ل	ش	ب	م	و	ز	ه	خ	ن	ی	پ	س	د	پ
چ	س	ض	ی	ت	ا	ث	ژ	ی	ش	ا	ث	خ	ر
ی	ل	چ	ج	ن	ط	ر	ب	چ	ژ	گ	ي	ا	م
آ	ز	م	ا	ی	ش	گ	ا	ه	آ	ن	ا	ن	ا
س	ش	ن	س	م	آ	ا	ب	غ	پ	م	س	ه	ر
ئ	ذ	ی	ر	غ	پ	ر	ر	و	ا	ج	ف	ن	ک
ئ	ب	ق	ا	ف	ج	ا	ج	ب	ر	ق	ا	م	ت
ا	ن	ب	ا	ر	ک	ژ	ذ	ه	ت	ل	ر	ا	ج
ب	ی	م	ا	ر	س	ت	ا	ن	م	ع	ت	ی	د
د	آ	ل	ظ	و	ر	ز	ش	گ	ا	ه	م	ش	گ
ک	ا	ر	خ	ا	ن	ه	ا	و	ن	ط	و	ظ	ض
پ	ر	چ	م	گ	ف	ط	س	ص	ک	ط	ش	ص	ق

سفارت
آپارتمان
کابین
قلعه
سینما
مدرسه
گاراژ
انبار
بیمارستان
هتل

آزمایشگاه
موزه
رصدخانه
ورزشگاه
سوپرمارکت
چادر
نمایش
برج
دانشگاه
کارخانه

90 - Pêche

ر	ش	ژ	ژ	و	ع	ب	ی	ث	ا	ص	ح	ص	م
و	ج	ت	ک	ک	و	ج	س	آ	ر	ي	ت	ط	ط
د	ح	ج	ز	و	ر	ت	ف	ش	ع	ظ	آ	ز	ر
خ	خ	ه	ح	ا	چ	ئ	ص	ف	ژ	ی	ف	ح	ح
ا	ق	ی	ا	ن	و	س	ل	گ	ا	ب	ب	ک	ا
ن	س	ز	ر	ص	ح	ب	ئ	ذ	ح	ت	ض	پ	ث
ه	ا	ا	و	ش	ب	ا	غ	ر	ا	ق	ا	ی	ق
ژ	ح	ت	س	ب	د	ر	ی	ا	چ	ه	ظ	آ	ل
ش	ل	ب	ی	ض	ز	ظ	و	ق	ئ	س	ع	س	ا
ع	ث	ي	ب	ق	ا	ئ	ا	م	آ	ب	ن	ی	ب
س	ئ	ئ	ش	ز	ژ	ظ	چ	ن	ص	ط	ع	م	ه
ث	س	ع	ک	ظ	و	ي	ذ	ث	ن	ظ	گ	ج	ز
ج	آ	ک	چ	ح	ز	ز	ب	ط	ئ	و	د	پ	ج
پ	م	ف	ئ	ح	غ	و	ن	ي	ع	آ	ژ	ط	خ

طعمه
قایق
قلاب
آب
اغراق
تجهیزات
سیم
رودخانه
دریاچه
فک
اقیانوس
سبد
صبر
ساحل
وزن
فصل

91 - Activités et Loisirs

غ	م	پ	ی	ا	د	ه	ر	و	ی	ظ	ز	آ	غ
ب	س	ک	ت	ب	ا	ل	ص	ن	ق	غ	ژ	چ	ئ
ی	ا	غ	ک	م	پ	ی	ن	گ	ق	ص	ر	ک	ر
ن	ب	ئ	و	ا	ل	ی	ب	ا	ل	ا	ن	غ	خ
ی	ق	ب	ذ	ه	ت	م	س	ب	ي	غ	ش	م	خ
د	ه	و	ب	ی	س	ب	ا	ل	ز	ش	ب	ی	م
س	ا	ک	آ	گ	ل	ف	ر	م	چ	ذ	ا	ص	و
ف	ر	س	د	ی	خ	ی	ز	پ	ط	خ	غ	ر	ج
ر	ث	گ	آ	ر	ا	م	ش	ب	خ	ش	ب	ض	س
ط	ن	م	ر	ی	ئ	ذ	ف	و	ت	ب	ا	ل	و
ض	و	گ	ا	م	ث	و	ر	ذ	ک	ن	ن	آ	ا
ف	ح	گ	ق	ه	ی	ف	ع	ث	ش	ی	ی	پ	ر
ق	ز	ج	ش	ن	ا	ک	ر	د	ن	ث	و	س	ی
ح	ش	و	ص	ر	ژ	ت	غ	و	ا	ص	ی	گ	آ

هنر
بیسبال
بسکتبال
بوکس
کمپینگ
مسابقه
فوتبال
گلف
باغبانی
شنا کردن

سرگرمی
نقاشی
ماهیگیری
غواصی
پیاده روی
آرامش بخش
موج سواری
تنیس
والیبال
سفر

92 - Livres

م	ر	ب	و	ط	ي	ف	ي	ز	گ	گ	پ	پ	م
ر	ب	ز	ن	و	ش	ت	ه	ش	د	ه	ت	پ	ا
ر	آ	ت	ط	گ	ش	ق	ز	ث	ا	ک	ا	ع	ج
م	آ	ب	ک	ف	د	ث	خ	ض	س	ح	ر	ذ	ر
ا	ج	ح	س	ر	ا	ف	گ	ش	ت	چ	ی	ص	ا
ن	ب	م	خ	ظ	غ	ط	ر	ع	ا	ج	خ	ف	ج
ظ	ف	ا	و	ت	س	ط	ع	ر	ن	ط	ی	ح	و
ز	ز	س	ا	ع	ف	ن	و	ی	س	ن	د	ه	ی
غ	ظ	ه	ن	ج	ه	ز	ف	ی	ئ	ب	و	س	ی
ف	ز	ز	ن	غ	م	ا	ن	گ	ی	ز	گ	ر	ش
ر	ب	ق	د	ب	و	ع	ق	م	ص	ض	ا	ی	ض
ح	ا	ژ	ه	ط	ش	و	م	آ	س	ذ	ن	ص	م
ت	ف	و	س	ط	ی	ز	د	ف	ک	ع	گ	ف	ظ
ع	ت	م	ی	ط	ت	ا	د	ب	ی	س	ی	د	ل

نویسنده
ماجراجویی
مجموعه
بافت
دوگانگی
نوشته شده
حماسه
داستان
تاریخی
طنز

مبتکر
خواننده
ادبی
راوی
صفحه
مربوط
شعر
رمان
سری
غم انگیز

93 - Pays #2

ا	چ	ع	و	ف	و	س	و	د	ا	ن	ل	ک	ب
ن	ی	ف	ا	ط	ق	و	چ	ح	ج	ل	ی	د	ر
د	ن	ر	آ	ط	ن	م	ک	ن	ی	ا	ث	ژ	و
و	م	ا	ل	ظ	ج	ا	م	ا	ئ	ی	ک	ا	س
ن	ظ	ن	ب	ن	ی	ل	ل	آ	م	ش	چ	پ	ی
ز	آ	س	ا	ف	د	ی	ز	ص	ر	ک	ظ	ن	ه
ی	ژ	ه	ن	پ	ا	ک	س	ت	ا	ن	ز	و	ژ
س	گ	ج	ی	م	ن	ل	ب	ن	ا	ن	ی	ی	ژ
د	و	گ	غ	م	م	ا	و	گ	ا	ن	د	ا	ک
س	چ	ر	ژ	ج	ا	و	ک	ر	ا	ی	ن	گ	ص
ژ	د	ذ	ی	ز	ر	پ	د	چ	ض	ز	ن	ط	ا
پ	ع	غ	ث	ه	ک	آ	ز	ل	ا	و	س	م	ی
ی	ه	ا	ئ	ی	ت	ی	ا	ض	ن	ر	ب	و	چ
ص	آ	ث	ل	خ	ل	ب	ژ	ی	د	س	ب	ص	ح

آلبانی
چین
دانمارک
فرانسه
هائیتی
اندونزی
ایرلند
جامائیکا
ژاپن
کنیا

لاوس
لبنان
مکزیک
اوگاندا
پاکستان
روسیه
سومالی
سودان
سوریه
اوکراین

94 - Fournitures d'Art

ج	د	و	ل	ظ	ن	آ	ب	ر	ن	گ	ب	ک	م
ک	ا	غ	ذ	ن	ح	ب	و	ض	ف	ن	چ	ق	ش
ی	ق	پ	پ	ي	ط	چ	د	ق	ک	غ	د	پ	ک
ر	ب	ح	پ	ي	ا	ذ	م	ظ	چ	و	ج	ض	ش
ژ	ب	ج	ض	ت	و	آ	خ	ل	ا	ق	ی	ت	ئ
ا	ش	و	ئ	چ	ث	ا	گ	ا	و	ص	ض	گ	ج
ظ	ک	ه	ع	و	س	م	س	پ	ک	م	د	ا	د
د	و	ر	ب	ی	ن	ب	ر	س	ع	ر	ژ	ص	ي
ژ	ج	ن	ی	س	ف	خ	گ	چ	گ	ب	س	ي	س
ر	ئ	گ	غ	ل	ت	س	ط	ص	ن	د	ل	ی	ج
ح	س	ه	پ	ا	ی	ه	ت	ذ	ب	پ	ص	ز	ن
ط	پ	ا	ک	ک	ن	ک	ش	پ	ر	و	م	ح	پ
ت	ط	ي	ي	ز	گ	ح	ص	ن	چ	ئ	ي	پ	ي
ب	پ	ب	آ	ق	چ	پ	چ	خ	ز	ی	ا	ژ	آ

اکریلیک
آبرنگ
خاک رس
برس
دوربین
صندلی
سه پایه
چسب
رنگها

مداد
خلاقیت
آب
جوهر
پاک کن
نفت
کاغذ
جدول

95 - Jouets

ط	ظ	ن	ک	ت	ا	ب	ه	ا	گ	ف	ي	ش	م
ص	ط	ج	م	ا	ش	ی	ن	ض	ح	ب	ف	ژ	غ
ز	ج	ج	ژ	ر	م	ژ	ع	د	ث	ظ	ج	م	ص
آ	ص	ج	ک	ق	ص	ی	ر	ل	م	ی	ی	م	م
ر	خ	ق	ص	ش	ن	ه	و	ا	پ	ی	م	ا	ل
ل	ت	ف	ق	ط	ا	ر	س	ن	د	ر	ا	م	خ
ح	آ	ن	ذ	ر	ی	غ	ک	ن	ص	ئ	ض	گ	م
ب	گ	ر	ض	ن	ع	ت	خ	ی	ل	خ	ت	و	پ
س	ا	ف	ذ	ج	د	و	چ	ر	خ	ه	گ	ص	ح
ح	د	د	ن	د	س	پ	م	چ	ز	گ	ئ	ج	ج
غ	ج	ر	ب	ا	ت	ق	ا	ی	ق	ث	ل	ي	ج
ک	آ	س	ن	ا	ی	ض	ف	ژ	ف	ئ	ط	ا	ل
ق	ض	م	و	ر	د	ع	ل	ا	ق	ه	ج	چ	ث
خ	ا	ک	ر	س	ن	ک	ث	پ	ن	ا	ب	ر	غ

خاک رس
صنایع دستی
هواپیما
توپ
قایق
کامیون
بادبادک
شطرنج
مورد علاقه

تخیل
کتابها
عروسک
ربات
درام
قطار
دوچرخه
ماشین

96 - Paysages

س	غ	ش	ت	ث	ا	خ	ک	ر	خ	س	خ	ش	آ
د	ت	ط	ژ	غ	آ	ع	ز	ف	ظ	ب	ط	ق	ک
ب	پ	ئ	و	ا	ح	ه	ن	ژ	د	ی	ظ	ب	و
ش	چ	د	د	ر	ی	ا	چ	ه	ر	پ	ل	ا	ه
ت	ب	ی	ب	و	ح	ب	ش	ث	ه	غ	ی	گ	ی
ئ	ا	ه	خ	ع	س	ز	س	آ	ل	ص	غ	و	خ
ق	ت	گ	ج	ا	ط	ک	م	ئ	ل	ض	ف	آ	ژ
ج	ل	ئ	ز	ز	ک	و	ه	ت	غ	چ	ف	ت	د
ع	ا	ث	ی	ت	ی	ی	ق	ي	ن	ل	و	ش	د
م	ق	ل	ر	ب	خ	ر	ي	آ	و	د	د	ف	خ
خ	ی	آ	ه	غ	چ	ش	ه	خ	ب	ت	ر	ش	و
ز	ف	ا	ق	ی	ا	ن	و	س	ن	ش	ی	ا	ر
س	ا	ح	ل	آ	ل	چ	ر	و	د	خ	ا	ن	ه
ت	پ	ه	آ	ی	ر	م	ض	ب	د	ب	چ	ر	خ

آبشار
تپه
کویر
خور
رودخانه
یخچال
غار
کوه یخ
جزیره
دریاچه

باتلاق
دریا
کوه
واحه
اقیانوس
شبه جزیره
ساحل
تندرا
دره
آتشفشان

97 - Nombres

د	و	ا	ز	د	ه	ذ	د	ل	چ	ز	ع	ف	چ
خ	ب	ظ	ه	ش	ت	ی	ر	غ	ط	ن	ه	م	ه
ه	ف	د	ه	ج	د	ه	ت	ژ	ت	ظ	ط	چ	ا
ش	ص	ف	ر	ب	ی	م	ئ	ژ	ج	ا	ک	پ	ر
ژ	ا	پ	ا	ن	ز	د	ه	ح	ب	ق	ح	ق	د
س	ت	ن	ذ	ر	چ	د	ی	س	ی	ز	د	ه	ه
ن	ع	ج	ز	ق	ا	ج	ط	ي	س	چ	غ	ت	ب
ظ	و	ف	ع	د	و	ع	ب	ذ	ت	ه	ک	ن	ئ
ع	ش	ز	د	ي	ه	ز	ش	م	ئ	ا	س	ژ	ح
گ	ئ	ث	د	ن	ح	ژ	گ	ا	ح	ر	د	ذ	ش
ی	ي	ا	چ	ه	آ	ق	ژ	ط	ر	ي	ل	ن	ع
ن	ش	ح	ب	ب	ج	ش	ش	ظ	و	ی	گ	ه	ظ
س	ه	ت	پ	گ	ب	ز	م	ی	ک	د	چ	ف	ط
ج	ن	چ	ج	س	ع	ح	ح	ي	ش	ه	ث	ت	خ

پنج
دو
اعشاری
ده
هجده
نوزده
هفده
دوازده
هشت
نه

چهارده
چهار
پانزده
شانزده
هفت
شش
سیزده
سه
بیست
صفر

98 - Nature

پ	ط	چ	ش	ج	ز	ی	ب	ا	ی	ی	ح	ا	گ
چ	ن	ف	پ	ي	ن	ف	خ	ي	ط	ح	س	ب	ک
ب	ش	ا	خ	و	ب	ر	گ	چ	آ	ذ	ق	ر	ل
ش	س	م	ه	ل	و	س	ج	ذ	ا	ص	ط	ه	چ
ب	ت	ث	آ	آ	ر	ا	م	ا	ر	ل	ب	ا	ی
ح	چ	چ	ذ	ز	ه	ی	ژ	د	س	ح	ش	ب	ذ
ک	ق	ط	ا	ح	ا	ش	ت	م	ف	ی	م	ر	ظ
پ	و	ی	ا	ظ	ب	د	ث	ج	ن	ا	ا	ژ	آ
ن	ح	ی	و	ا	ن	ا	ت	ن	ت	ت	ل	ژ	ن
ا	ش	ت	ر	و	د	خ	ا	ن	ه	ی	ش	ض	ي
ه	ی	ج	ن	گ	ل	ئ	ق	غ	ي	ح	م	ط	ی
گ	ر	م	س	ی	ر	ی	ذ	ذ	ئ	و	ی	س	ژ
ا	ث	س	پ	غ	ج	ر	چ	پ	ر	ش	م	ت	ک
ه	و	ر	ن	ت	پ	ظ	ن	ح	ب	د	ع	و	آ

رودخانه
جنگل
یخچال
ابرها
صلح
پناهگاه
وحشی
آرام
گرمسیری
حیاتی

زنبورها
پناه
حیوانات
قطب شمال
زیبایی
مه
کویر
پویا
فرسایش
شاخ و برگ

99 - Bateaux

ف	ک	غ	ق	ا	ی	ق	ش	آ	ط	ن	ا	ب	ی
ک	ش	خ	د	ک	ل	ق	ی	ن	ل	ج	غ	ک	پ
گ	ص	د	ر	ی	ا	ق	آ	ظ	ا	ص	ف	ذ	ل
س	ص	م	ی	ژ	ئ	پ	ا	ز	خ	و	ع	ط	ز
ا	ئ	ه	ا	م	و	ج	ل	ی	پ	ص	ر	ئ	ی
د	س	ي	چ	م	د	ل	ن	آ	ق	ف	ر	ی	ج
ر	ص	ک	ه	ع	د	س	گ	ذ	ن	ر	آ	د	ق
ی	چ	ا	ل	ض	ی	ح	ر	ر	پ	ي	ا	ا	ح
ا	ل	ی	ر	ه	ل	ا	م	و	ا	ج	ذ	ن	ي
ی	ذ	ا	خ	ی	س	ي	و	د	ن	ز	ع	د	ی
ی	خ	ک	م	خ	گ	ق	ت	خ	م	ر	ل	س	ر
ق	ح	ق	ح	خ	م	ل	و	ا	ن	و	ظ	ل	ش
ا	ق	ی	ا	ن	و	س	ر	ن	ش	م	ک	چ	ق
گ	ط	ش	ث	ق	ر	ط	ک	ه	س	د	گ	ق	ص

لنگر
شناور
قایق رانی
طناب
اسکله
خدمه
فری
رودخانه
کایاک
دریاچه

جزر و مد
ملوان
دکل
دریا
موتور
دریایی
اقیانوس
قایق
امواج

100 - Mesures

ص	ح	ط	غ	ذ	ق	ص	ر	م	ط	ب	ث	ش	ص
ط	ا	ی	ن	چ	س	س	ی	پ	ل	ا	ز	آ	م
ط	و	ل	ب	ز	ر	گ	ي	ط	ظ	ی	ت	ت	آ
ر	ن	ی	خ	گ	ب	ر	ئ	ا	ی	ت	ل	م	ق
ث	س	ت	و	گ	ک	م	ت	ر	چ	ن	پ	ک	ق
غ	ا	ر	ت	ف	ا	ع	ن	ز	غ	ا	ک	ت	گ
م	ن	ک	آ	خ	ش	م	ر	م	ا	ف	ش	چ	ل
ک	ت	ج	پ	ق	ن	ق	د	ض	ث	ی	چ	ا	ط
ج	ی	ک	ر	س	ب	خ	ق	ا	ع	ش	ا	ر	ی
غ	م	ل	س	م	ش	ک	ی	ل	و	م	ت	ر	ئ
م	ت	ض	و	ش	ل	و	ق	س	و	ض	ي	ص	ز
د	ر	ج	ه	گ	ض	ز	ه	ط	ز	گ	ش	ث	ت
ي	ث	ن	ن	ر	ر	ن	ذ	ف	ق	غ	ل	چ	خ
ف	ت	پ	ش	ک	ح	م	ط	گ	ث	ژ	چ	د	ف

سانتیمتر
درجه
اعشاری
گرم
ارتفاع
کیلوگرم
کیلومتر
عرض
لیتر
طول

جرم
متر
دقیقه
بایت
اونس
وزن
اینچ
عمق
تن

1 - Été

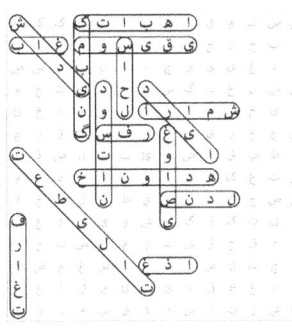

2 - Adjectifs #2

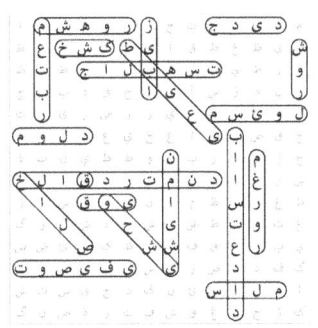

3 - Exploration

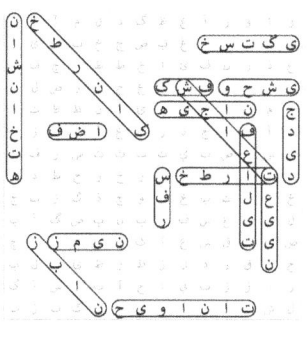

4 - Formes

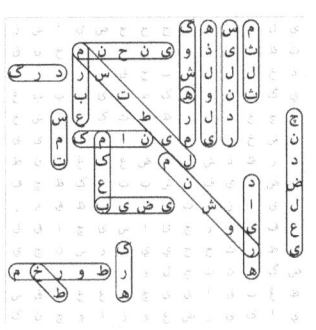

5 - Adjectifs #1

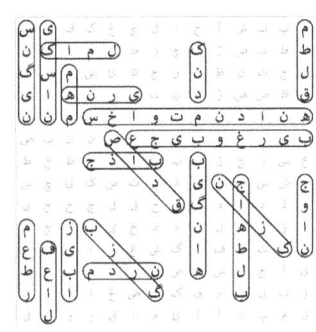

6 - Instruments de Musique

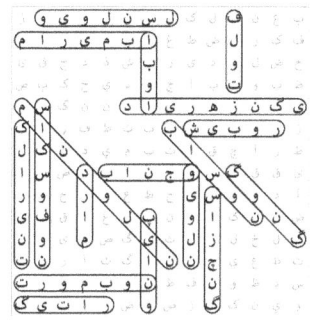

7 - Échecs

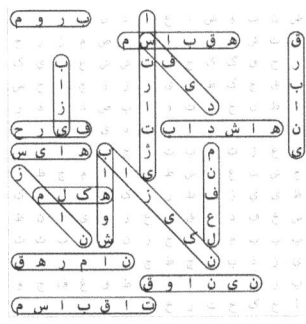

8 - Herboristerie

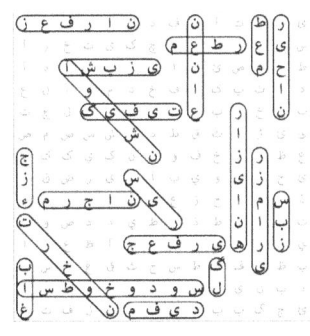

9 - Véhicules

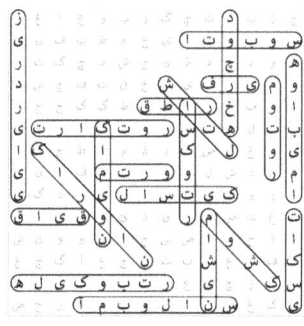

10 - Camping

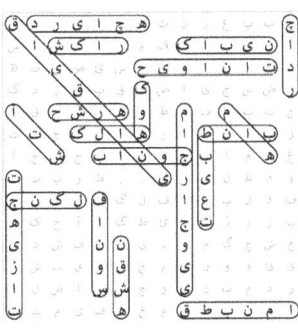

11 - Conservation

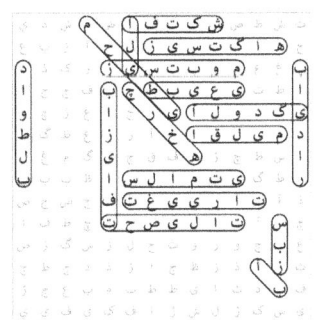

12 - Écologie

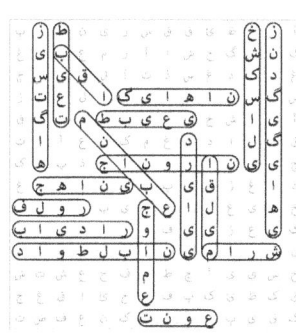

13 - Astronomie

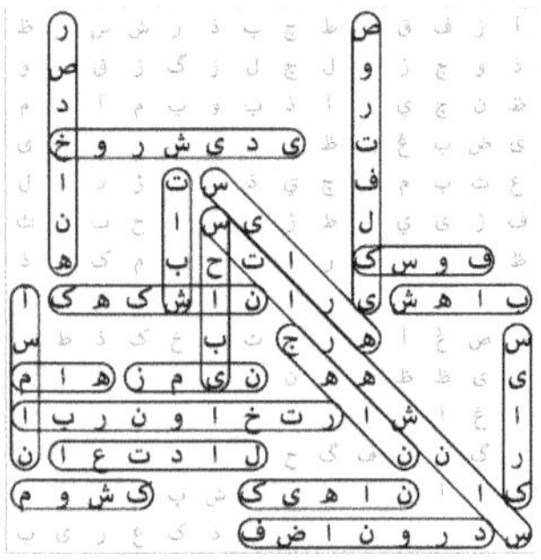

14 - Types de Cheveux

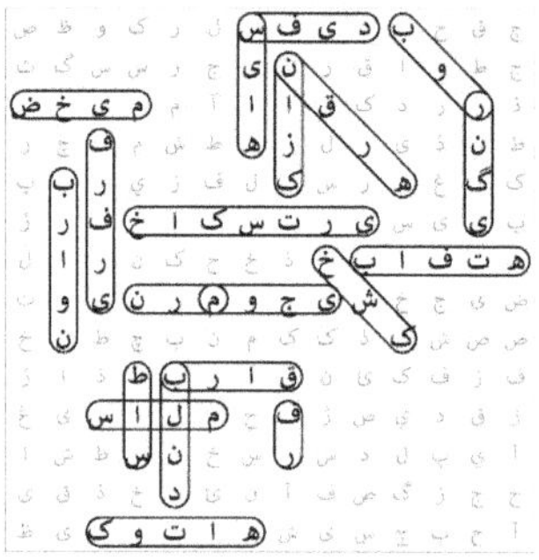

15 - Restaurant #1

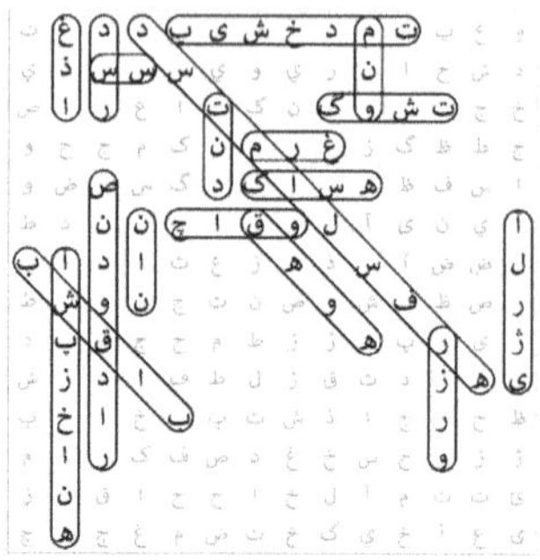

16 - Mammifères

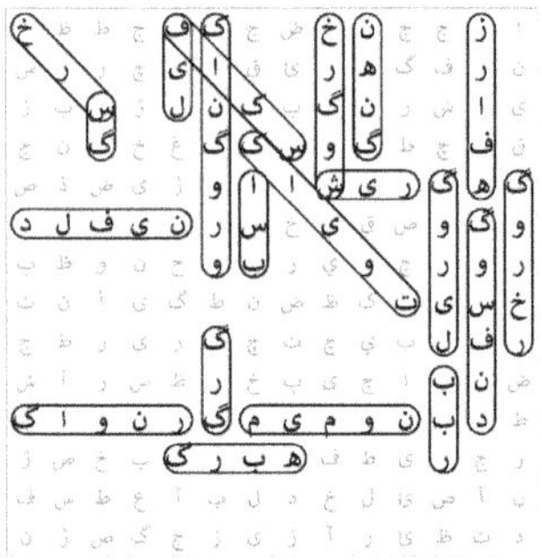

17 - Sports

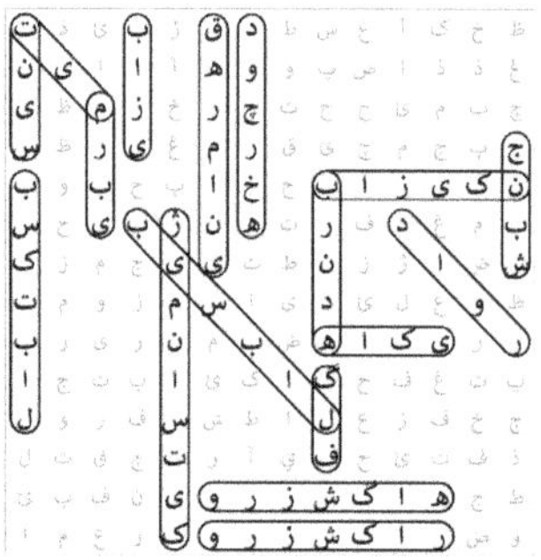

18 - Chocolat

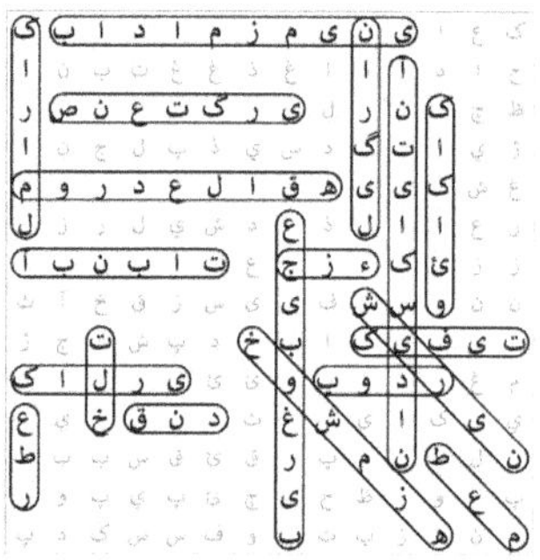

19 - Mathématiques

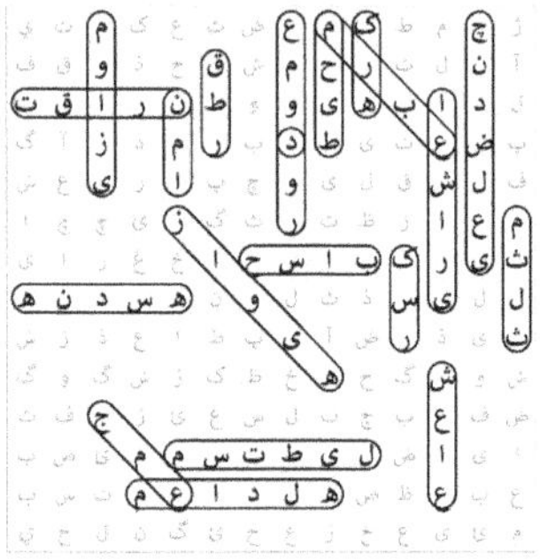

20 - Mythologie

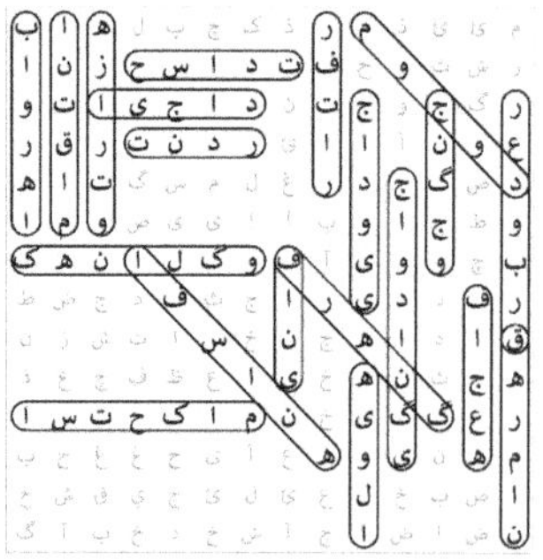

21 - Restaurant #2

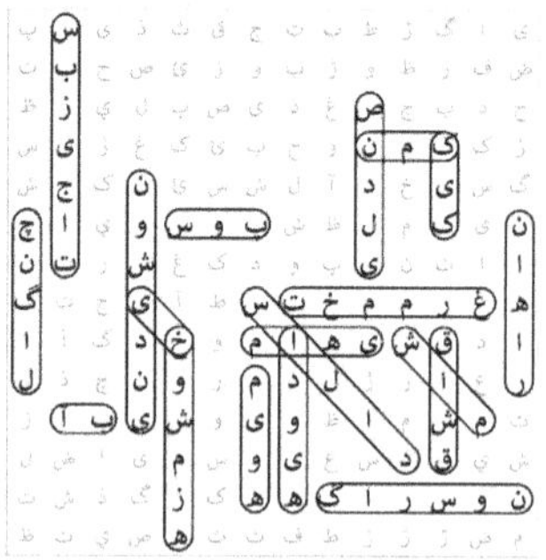

22 - Couleurs

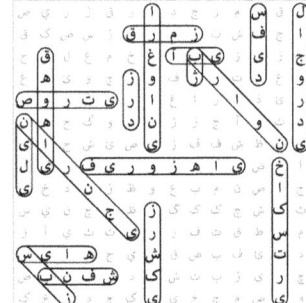

23 - Avions

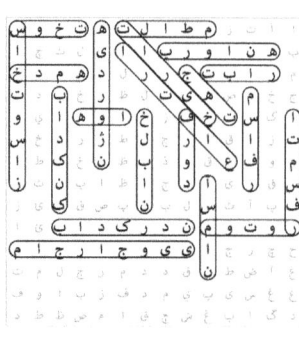

24 - Aventure

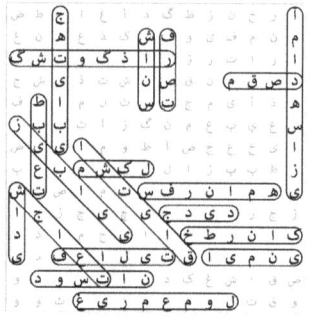

25 - Ville

26 - Cuisine

27 - Corps Humain

28 - Épices

29 - Science

30 - Chats

31 - Vêtements

32 - Arts Visuels

33 - Méditation

34 - Littérature

35 - Nourriture #1

36 - Jours et Mois

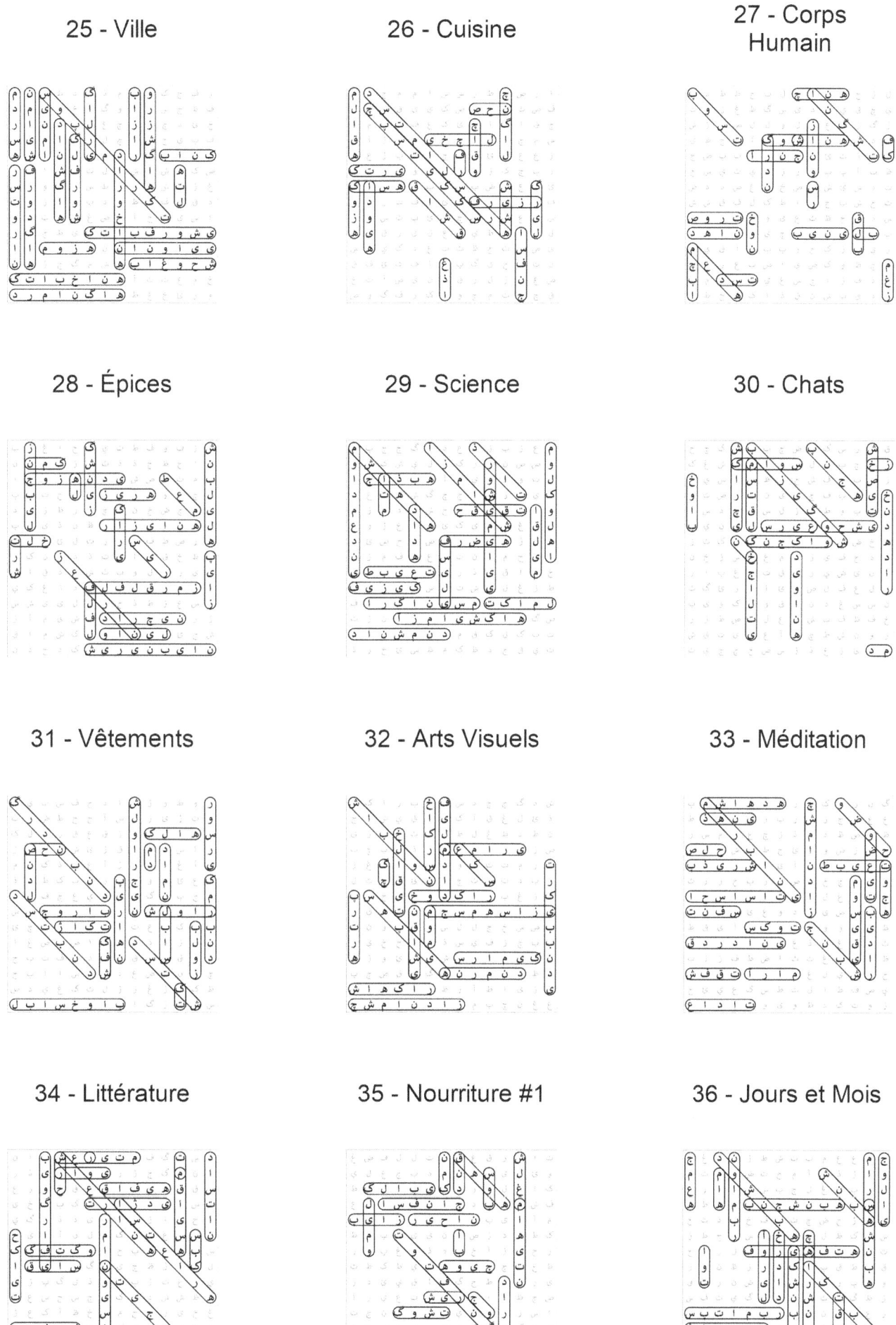

37 - Championnat

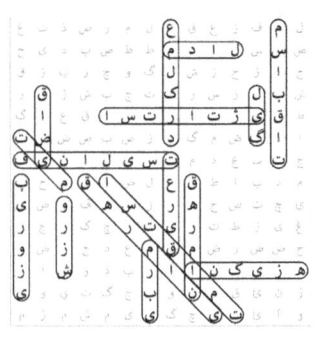

38 - Pirates

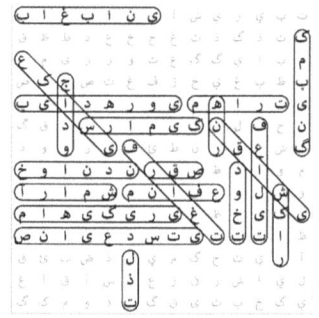

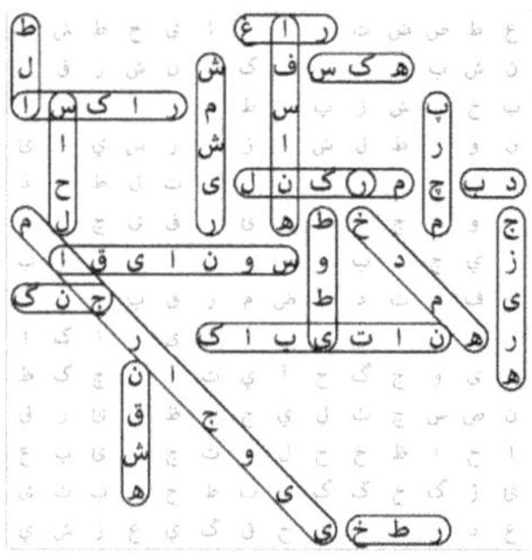

39 - Activités

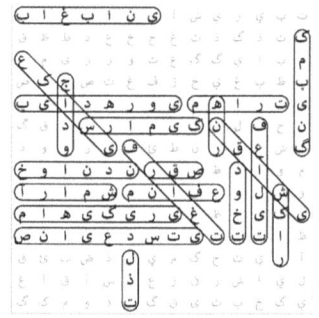

40 - Fleurs

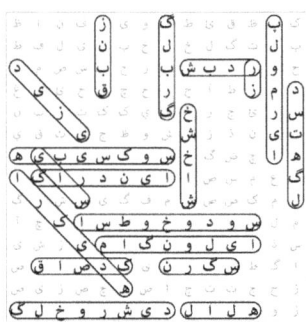

41 - Nourriture #2

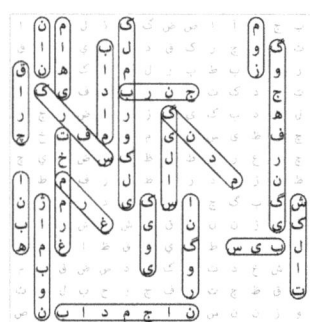

42 - Sons

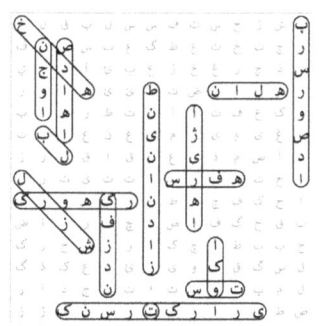

43 - Océan

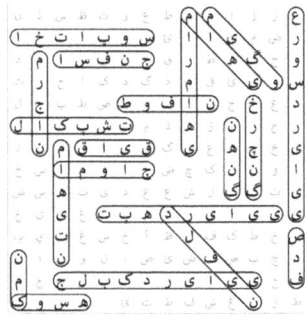

44 - Remplir

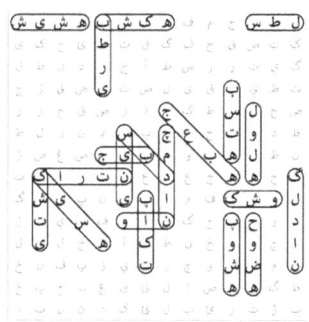

45 - Ballet

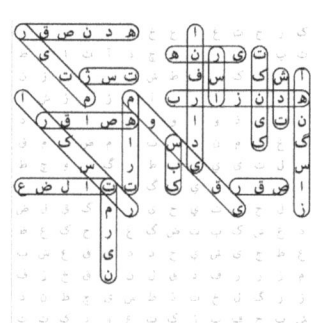

46 - Fruit

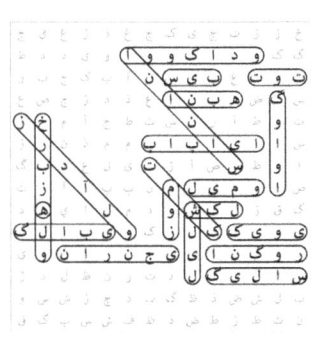

47 - Surf

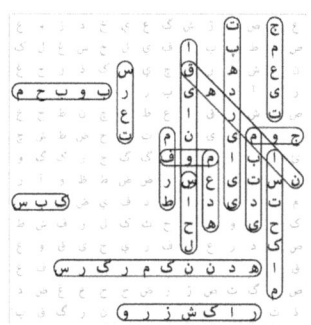

48 - Technologie

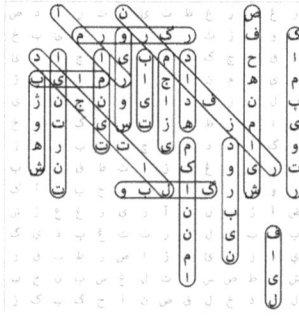

49 - Météo

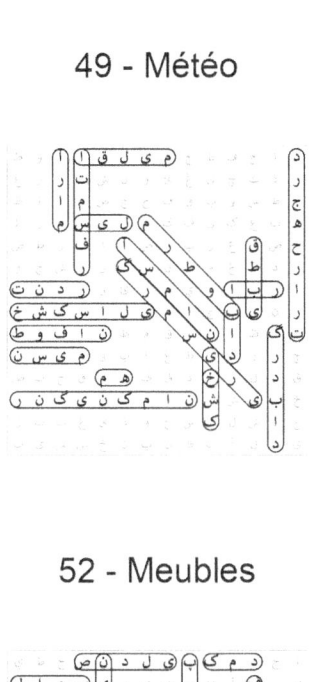

50 - Châteaux

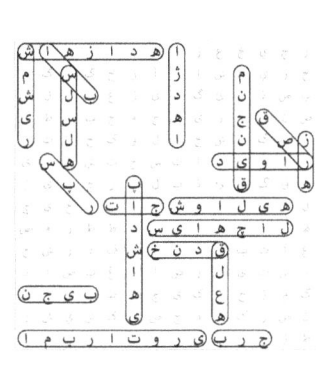

51 - Randonnée

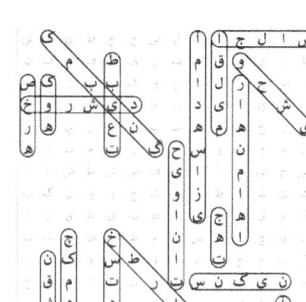

52 - Meubles

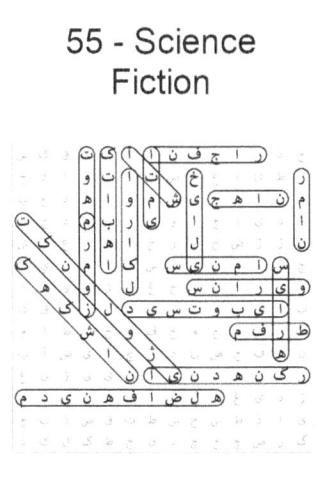

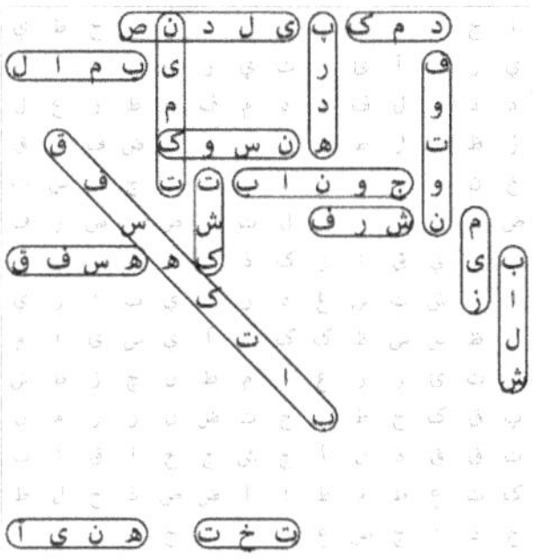

53 - Art

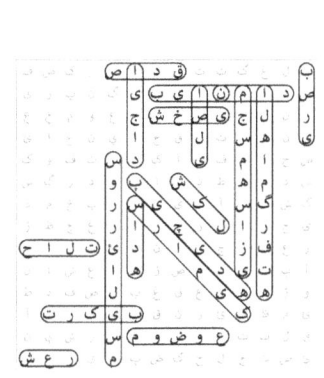

54 - Nutrition

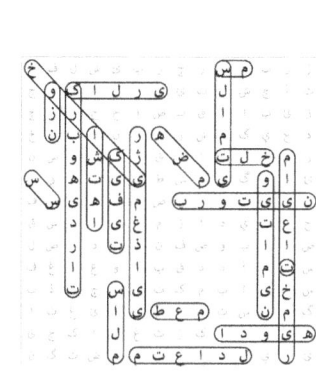

55 - Science Fiction

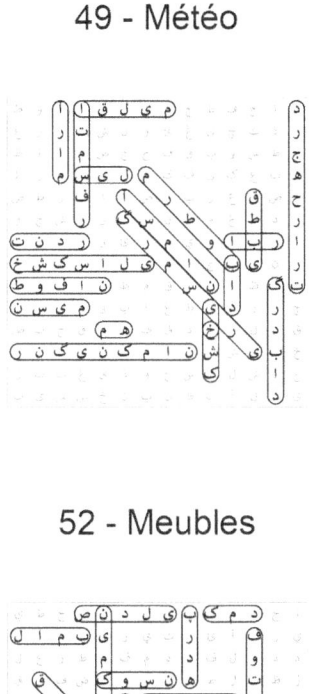

56 - Vertus #1

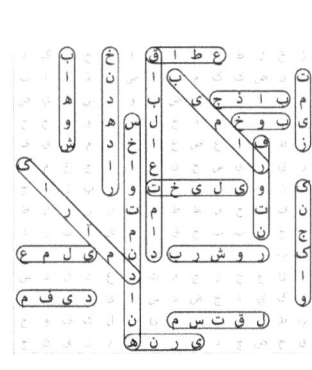

57 - Professions #1

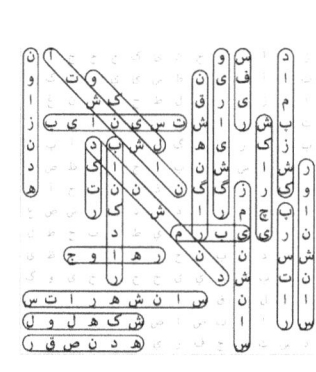

58 - Géologie

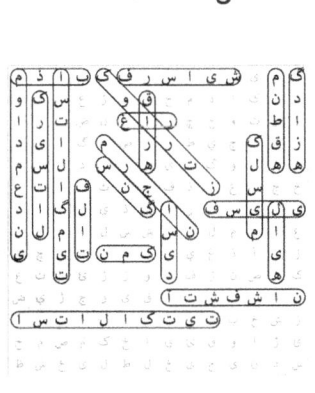

59 - Cirque

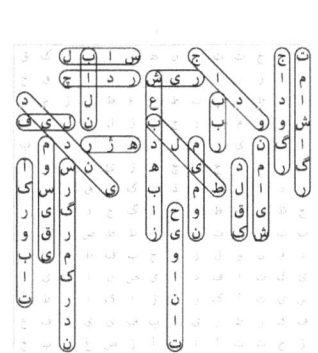

60 - Jardin

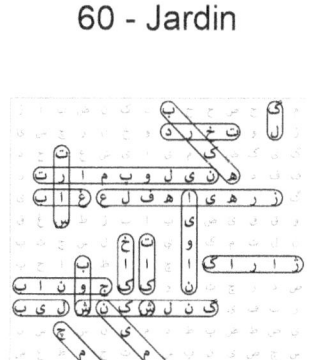

61 - Barbecues

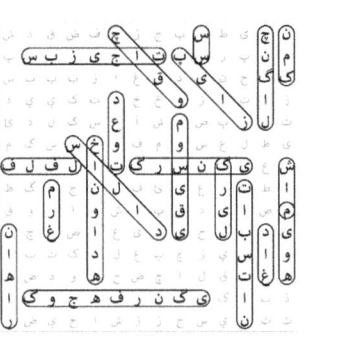

62 - Anniversaire

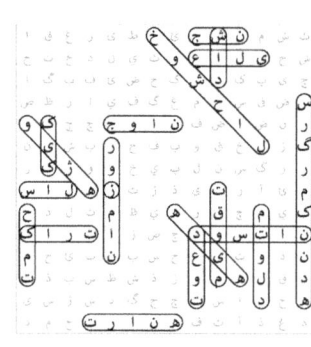

63 - Animaux de Compagnie

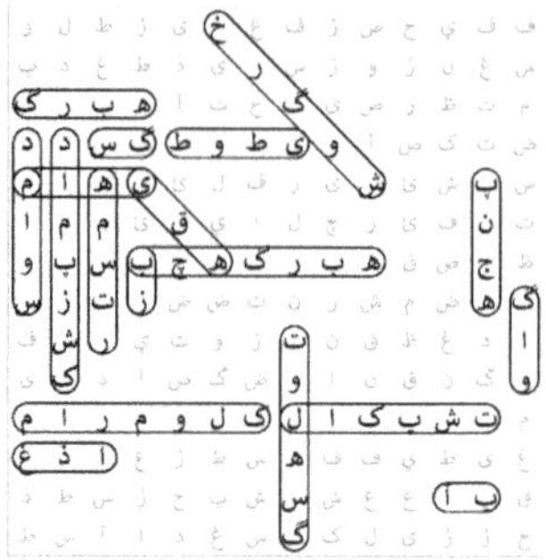

64 - Forêt Tropicale

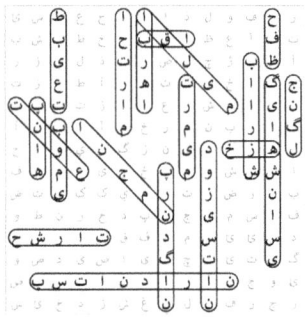

65 - Insectes

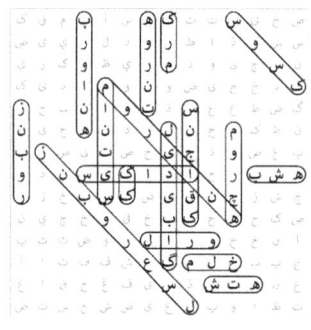

66 - Ferme #1

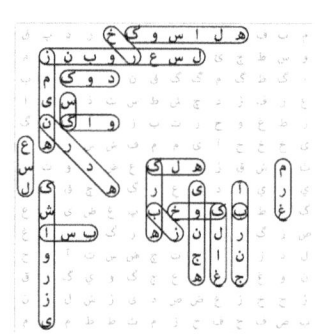

67 - Escalade

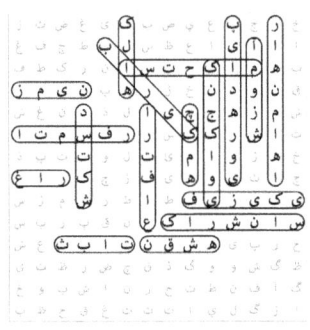

68 - École #2

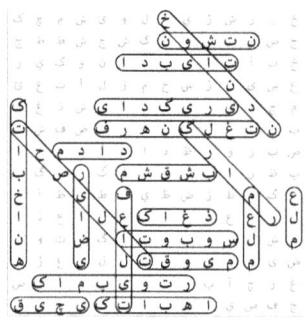

69 - Antarctique

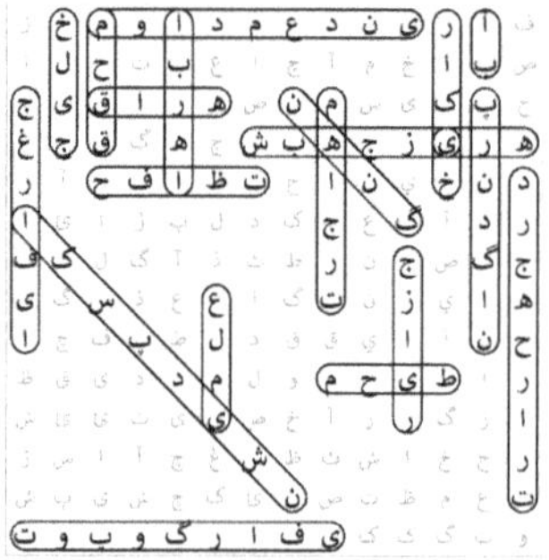

70 - Professions #2

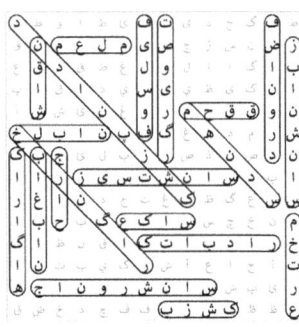

71 - Les Abeilles

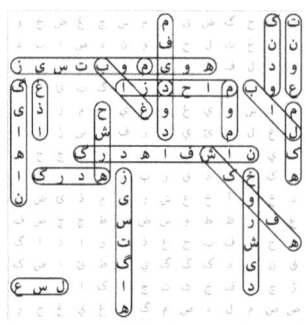

72 - Dinosaures

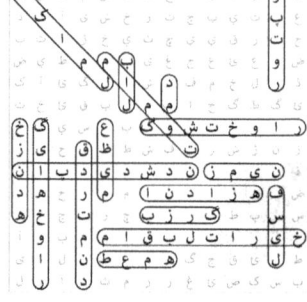

73 - Conduite

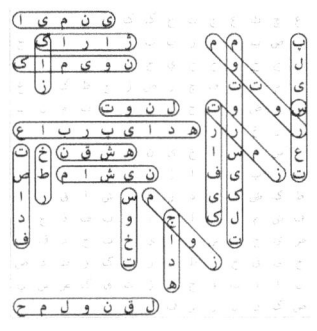

74 - Plantes

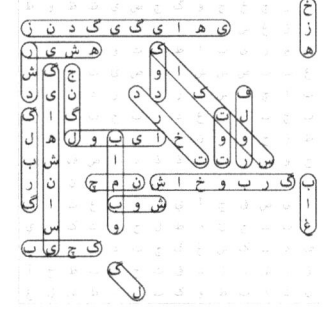

75 - Ferme #2

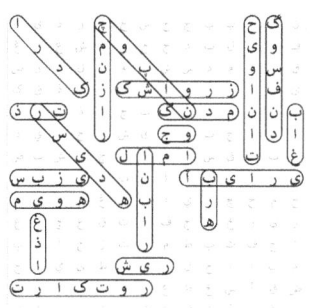

76 - École #1

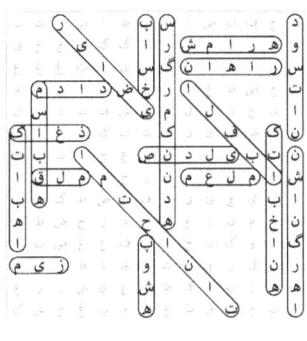

77 - Vacances #2

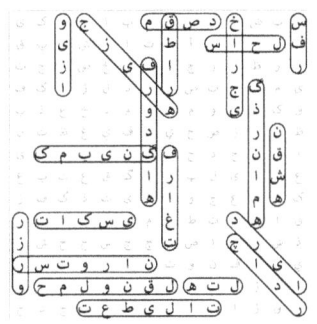

78 - Outils

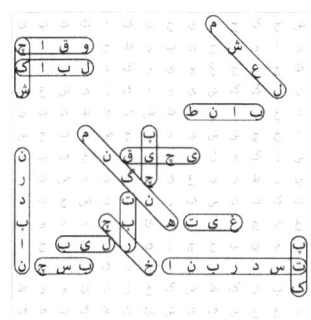

79 - Temps

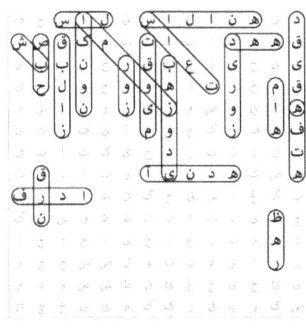

80 - Maison

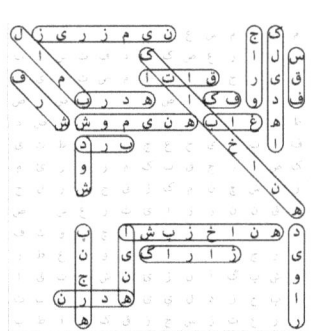

81 - Légumes

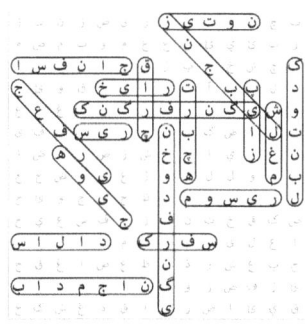

82 - Plage

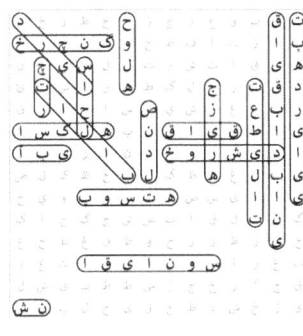

83 - Famille

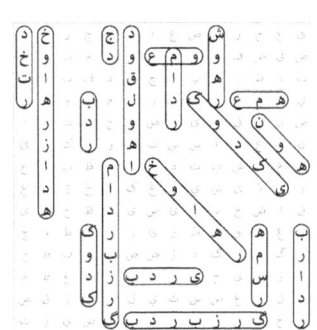

84 - Oiseaux

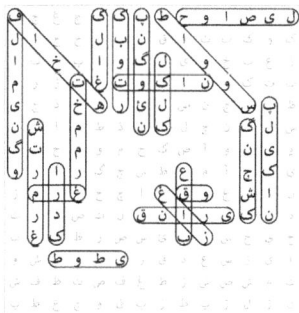

85 - Disciplines Scientifiques

86 - Émotions

87 - Géographie

88 - Danse

89 - Bâtiments

90 - Pêche

91 - Activités et Loisirs

92 - Livres

93 - Pays #2

94 - Fournitures d'Art

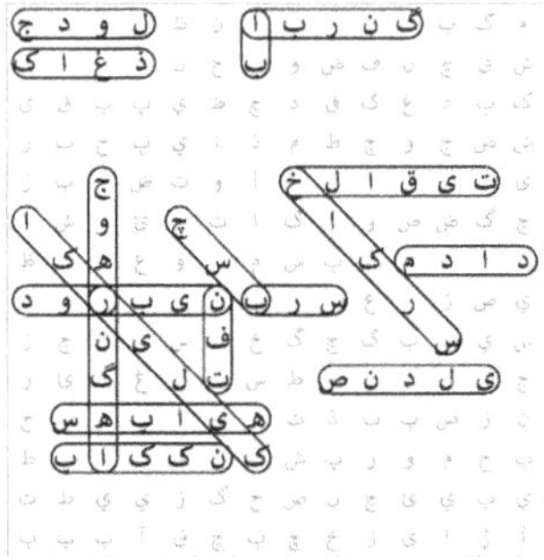

95 - Jouets

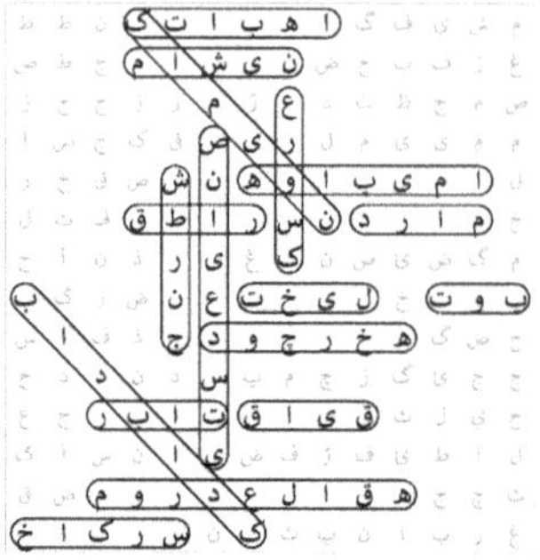

96 - Paysages

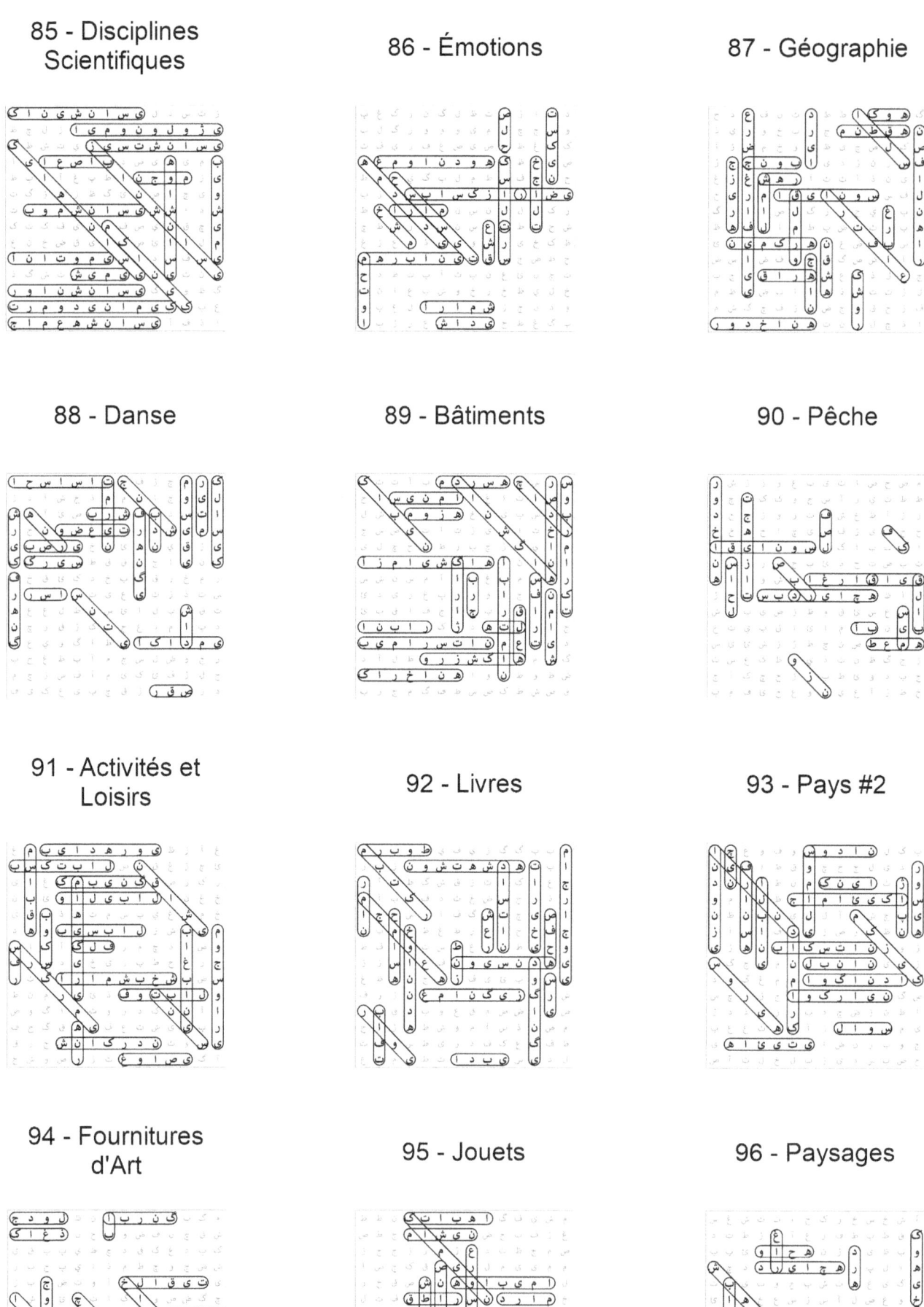

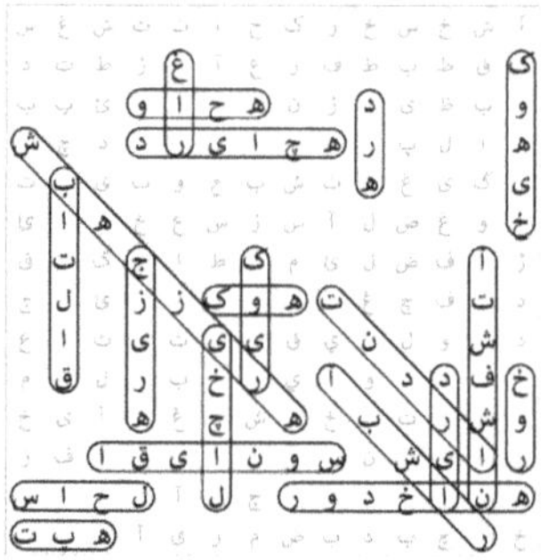

97 - Nombres

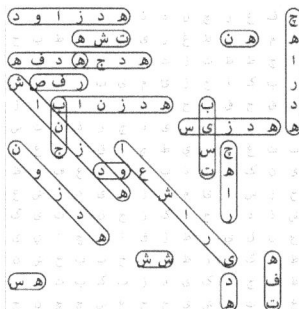

98 - Nature

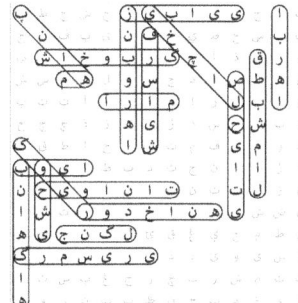

99 - Bateaux

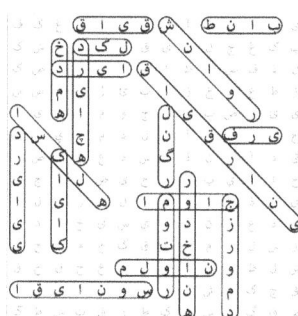

100 - Mesures

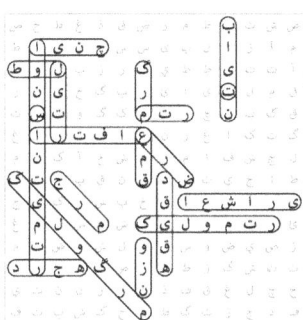

Dictionnaire

Activités
فعالیت ها

Activité	فعالیت
Art	هنر
Artisanat	صنایع دستی
Camping	کمپینگ
Céramique	سرامیک
Chasse	شکار
Compétence	مهارت
Couture	دوخت
Danse	رقص
Intérêts	منافع
Jardinage	باغبانی
Lecture	خواندن
Loisir	فراغت
Magie	جادو
Peinture	نقاشی
Pêche	ماهیگیری
Photographie	عکاسی
Plaisir	لذت
Randonnée	پیاده روی
Relaxation	آرامش

Activités et Loisirs
فعالیت ها و اوقات فراغت

Art	هنر
Base-Ball	بیسبال
Basket-Ball	بسکتبال
Boxe	بوکس
Camping	کمپینگ
Course	مسابقه
Football	فوتبال
Golf	گلف
Jardinage	باغبانی
Nager	شنا کردن
Passe-Temps	سرگرمی
Peinture	نقاشی
Pêche	ماهیگیری
Plongée	غواصی
Randonnée	پیاده روی
Relaxant	آرامش بخش
Surf	موج سواری
Tennis	تنیس
Volley-Ball	والیبال
Voyage	سفر

Adjectifs #1
صفت #1

Absolu	مطلق
Actif	فعال
Ambitieux	جاه طلب
Aromatique	معطر
Artistique	هنری
Attractif	جذاب
Beau	زیبا
Exotique	عجیب و غریب
Énorme	بزرگ
Généreux	سخاوتمندانه
Honnête	صادق
Identique	یکسان
Important	مهم
Innocent	بی گناه
Jeune	جوان
Lent	کند
Lourd	سنگین
Mince	نازک
Moderne	مدرن
Parfait	کامل

Adjectifs #2
صفت #2

Authentique	معتبر
Célèbre	مشهور
Créatif	خلاق
Descriptif	توصیفی
Doué	با استعداد
Dramatique	نمایشی
Élégant	زیبا
Fier	مغرور
Fort	قوی
Intéressant	جالب هست
Naturel	طبیعی
Nouveau	جدید
Productif	مولد
Puissant	قدرتمند
Pur	خالص
Responsable	مسئول
Sain	سالم
Salé	شور
Sauvage	وحشی
Sec	خشک

Animaux de Compagnie
حیوانات خانگی

Chat	گربه
Chaton	بچه گربه
Chèvre	بز
Chien	سگ
Chiot	توله سگ
Collier	یقه
Eau	آب
Hamster	همستر
Lapin	خرگوش
Lézard	مارمولک
Nourriture	غذا
Pattes	پنجه
Perroquet	طوطی
Poisson	ماهی
Queue	دم
Souris	موش
Tortue	لاک پشت
Vache	گاو
Vétérinaire	دامپزشک

Anniversaire
روز تولد

Amis	دوستان
Amusement	سرگرم کننده
Année	سال
Cadeau	هدیه
Calendrier	تقویم
Cartes	کارت
Chanson	ترانه
Fête	جشن
Gâteau	کیک
Heureux	خوشحال
Invitations	دعوت
Jeune	جوان
Jour	روز
Joyeux	شاد
Né	متولد
Sagesse	حکمت
Spécial	ویژه
Super	عالی
Temps	زمان

Antarctique
قطب جنوب

Baie	خلیج
Baleines	نهنگ
Chercheur	محقق
Conservation	حفاظت
Continent	قاره
Eau	آب
Environnement	محیط
Expédition	اکسپدیشن
Géographie	جغرافیا
Glace	یخ
Îles	جزایر
Migration	مهاجرت
Minéraux	مواد معدنی
Nuage	ابرها
Oiseaux	پرندگان
Péninsule	شبه جزیره
Rocheux	راکی
Scientifique	علمی
Température	درجه حرارت
Topographie	توپوگرافی

Art
هنر

Céramique	سرامیک
Complexe	پیچیده
Composition	ترکیب
Créer	ایجاد
Expression	بیان
Figure	شکل
Honnête	صادق
Humeur	حالت
Inspiré	الهام گرفته
Original	اصلی
Personnel	شخصی
Poésie	شعر
Sculpture	مجسمه سازی
Simple	ساده
Sujet	موضوع
Surréalisme	سوررئالیسم
Symbole	نماد
Visuel	بصری

Arts Visuels
هنرهای تجسمی

Architecture	معماری
Argile	خاک رس
Artiste	هنرمند
Céramique	سرامیک
Chef-D'Œuvre	شاهکار
Chevalet	سه پایه
Cire	موم
Composition	ترکیب بندی
Craie	گچ
Crayon	مداد
Créativité	خلاقیت
Film	فیلم
Peinture	نقاشی
Perspective	چشم انداز
Photographie	عکس
Pochoir	شابلون
Portrait	پرتره
Sculpture	مجسمه سازی
Stylo	خودکار

Astronomie
اخترشناسی

Astéroïde	سیارک
Astronaute	فضانورد
Astronome	ستاره شناس
Ciel	آسمان
Constellation	صورت فلکی
Cosmos	کیهان
Éclipse	کسوف
Équinoxe	اعتدال
Fusée	موشک
Galaxie	کهکشان
Lune	ماه
Météore	شهاب
Nébuleuse	سحابی
Observatoire	رصدخانه
Planète	سیاره
Radiation	تابش
Solaire	خورشیدی
Supernova	ابرنواختر
Terre	زمین
Univers	جهان

Aventure
ماجراجویی

Activité	فعالیت
Amis	دوستان
Beauté	زیبایی
Bravoure	شجاعت
Chance	شانس
Dangereux	خطرناک
Destination	مقصد
Difficulté	مشکل
Enthousiasme	اشتیاق
Excursion	گشت و گذار
Inhabituel	غیر معمول
Itinéraire	سفرنامه
Joie	شادی
Nature	طبیعت
Navigation	جهت یابی
Nouveau	جدید
Opportunité	فرصت
Préparation	آماده سازی
Sécurité	ایمنی

Avions
هواپیماها

Air	هوا
Atmosphère	اتمسفر
Atterrissage	فرود
Aventure	ماجراجویی
Ballon	بادکنک
Carburant	سوخت
Ciel	آسمان
Construction	ساخت و ساز
Descente	تبار
Direction	جهت
Équipage	خدمه
Gonfler	باد کردن
Hauteur	ارتفاع
Hélices	پروانه
Histoire	تاریخ
Hydrogène	هیدروژن
Moteur	موتور
Passager	مسافر
Pilote	خلبان
Turbulence	تلاطم

Ballet
بالە

Artistique	هونەری
Ballerine	رقاصە
Chorégraphie	رقص
Compétence	مهارت
Compositeur	آهنگساز
Danseurs	رقصندە
Expressif	رسا
Geste	ژست
Gracieux	برازندە
Intensité	شدت
Muscles	عضلات
Musique	موسیقی
Orchestre	ارکستر
Répétition	تمرین
Rythme	ریتم
Solo	انفرادی
Style	سبک
Technique	تکنیک

Barbecues
کباب کردن

Chaud	داغ
Couteaux	چاقو
Déjeuner	ناهار
Dîner	شام
Été	تابستان
Faim	گرسنگی
Famille	خانوادە
Fourchettes	چنگال
Fruit	میوە
Gril	گریل
Invitation	دعوت
Légumes	سبزیجات
Musique	موسیقی
Oignons	پیاز
Poivre	فلفل
Poulet	مرغ
Salades	سالاد
Sauce	سس
Sel	نمک
Tomates	گوجە فرنگی

Bateaux
قایق

Ancre	لنگر
Bouée	شناور
Canoë	قایق رانی
Corde	طناب
Dock	اسکلە
Équipage	خدمە
Ferry	فری
Fleuve	رودخانە
Kayak	کایاک
Lac	دریاچە
Marée	جزر و مد
Marin	ملوان
Mât	دکل
Mer	دریا
Moteur	موتور
Nautique	دریایی
Océan	اقیانوس
Radeau	قایق
Vagues	امواج
Yacht	قایق بادبانی

Bâtiments
ساختمانها

Ambassade	سفارت
Appartement	آپارتمان
Cabine	کابین
Château	قلعە
Cinéma	سینما
École	مدرسە
Garage	گاراژ
Grange	انبار
Hôpital	بیمارستان
Hôtel	هتل
Laboratoire	آزمایشگاە
Musée	موزە
Observatoire	رصدخانە
Stade	ورزشگاە
Supermarché	سوپرمارکت
Tente	چادر
Théâtre	نمایش
Tour	برج
Université	دانشگاە
Usine	کارخانە

Camping
چادر زدن

Animaux	حیوانات
Aventure	ماجراجویی
Boussole	قطب نما
Cabine	کابین
Canoë	قایق رانی
Carte	نقشە
Chapeau	کلاە
Chasse	شکار
Corde	طناب
Équipement	تجهیزات
Feu	آتش
Forêt	جنگل
Hamac	ننو
Insecte	حشرە
Lac	دریاچە
Lanterne	فانوس
Lune	ماە
Montagne	کوە
Nature	طبیعت
Tente	چادر

Championnat
قهرمانی

Champion	قهرمان
Championnat	قهرمانی
Endurance	استقامت
Entraîneur	مربی
Équipe	تیم
Finaliste	فینالیست
Juge	قاضی
Ligue	لیگ
Médaille	مدال
Motivation	انگیزە
Performance	عملکرد
Sports	ورزش
Stratégie	استراتژی
Tournoi	مسابقات
Transpiration	تعریق
Victoire	پیروزی

Chats
گربه‌ها

Chasseur	شکارچی
Curieux	کنجکاو
Dormir	خواب
Drôle	خنده‌دار
Espiègle	بازیگوش
Fil	نخ
Fou	دیوانه
Fourrure	خز
Indépendant	مستقل
Patte	پنجه
Personnalité	شخصیت
Peu	کم
Queue	دم
Rapide	سریع
Sauvage	وحشی
Souris	موش
Timide	خجالتی

Châteaux
قلعه‌ها

Armure	زره
Bouclier	سپر
Catapulte	منجنیق
Cheval	اسب
Chevalier	شوالیه
Couronne	تاج
Donjon	سیاه چال
Dragon	اژدها
Dynastie	سلسله
Empire	امپراتوری
Épée	شمشیر
Forteresse	قلعه
Fossé	خندق
Mur	دیوار
Noble	نجیب
Palais	قصر
Princesse	شاهزاده
Royaume	پادشاهی
Tour	برج

Chocolat
شکلات

Amer	تلخ
Antioxydant	آنتی اکسیدان
Arôme	عطر
Artisanal	صنعتگری
Bonbon	آب نبات
Cacahuètes	بادام زمینی
Cacao	کاکائو
Calories	کالری
Caramel	کارامل
Délicieux	خوشمزه
Doux	شیرین
Exotique	عجیب و غریب
Favori	مورد علاقه
Goût	طعم
Ingrédient	جزء
Noix de Coco	نارگیل
Poudre	پودر
Qualité	کیفیت
Sucre	قند

Cirque
سیرک

Acrobate	آکروبات
Animaux	حیوانات
Ballons	بالن
Billet	بلیط
Clown	دلقک
Costume	لباس
Divertir	سرگرم کردن
Éléphant	فیل
Jongleur	شعبده باز
Lion	شیر
Magicien	جادوگر
Magie	جادو
Montrer	نمایش
Musique	موسیقی
Parade	رژه
Singe	میمون
Spectaculaire	دیدنی
Spectateur	تماشاگر
Tente	چادر
Tigre	ببر

Conduite
رانندگی

Accident	تصادف
Camion	کامیون
Carburant	سوخت
Carte	نقشه
Danger	خطر
Freins	ترمز
Garage	گاراژ
Gaz	گاز
Licence	مجوز
Moteur	موتور
Moto	موتورسیکلت
Piéton	عابر پیاده
Police	پلیس
Route	جاده
Sécurité	ایمنی
Trafic	ترافیک
Transport	حمل و نقل
Tunnel	تونل
Vitesse	سرعت
Voiture	ماشین

Conservation
حفاظت

Bénévole	داوطلب
Changements	تغییرات
Climat	اقلیم
Cycle	چرخه
Durable	پایدار
Eau	آب
Environnemental	محیطی
Écosystème	زیست بوم
Éducation	تحصیلات
Habitat	زیستگاه
Naturel	طبیعی
Organique	آلی
Pesticide	آفت کش
Pollution	آلودگی
Recycler	بازیافت
Santé	سلامتی
Vert	سبز

Corps Humain

بدن انسان

Bouche	دهان
Cerveau	مغز
Cheville	مچ پا
Cou	گردن
Coude	آرنج
Cœur	قلب
Doigt	انگشت
Estomac	معده
Épaule	شانه
Genou	زانو
Lèvres	لب
Main	دست
Mâchoire	فک
Menton	چانه
Nez	بینی
Oreille	گوش
Peau	پوست
Sang	خون
Tête	سر
Visage	صورت

Couleurs

رنگ‌ها

Azur	لاجوردی
Beige	بژ
Blanc	سفید
Bleu	آبی
Cramoisi	زرشکی
Cyan	فیروزه ای
Gris	خاکستری
Indigo	نیلی
Jaune	زرد
Magenta	ارغوانی
Marron	براون
Noir	سیاه
Orange	نارنجی
Rose	صورتی
Rouge	قرمز
Sépia	قهوه ای
Vert	سبز
Violet	بنفش
Violet	بنفش

Cuisine

آشپزخانه

Baguettes	چپستیککس
Bol	کاسه
Bouilloire	کتری
Congélateur	فریزر
Couteaux	چاقو
Cruche	کوزه
Cuillères	قاشق
Épices	ادویه
Éponge	اسفنج
Four	فر
Fourchettes	چنگال
Gril	گریل
Louche	ملاقه
Nourriture	غذا
Pot	شیشه
Réfrigérateur	یخچال
Serviette	دستمال سفره
Tablier	صحن

Danse

رقص

Académie	آکادمی
Art	هنر
Chorégraphie	رقص
Classique	کلاسیک
Corps	بدن
Culture	فرهنگ
Culturel	فرهنگی
Expressif	رسا
Émotion	احساسات
Grâce	گریس
Joyeux	شاد
Mouvement	جنبش
Musique	موسیقی
Partenaire	شریک
Posture	وضعیت
Répétition	تمرین
Rythme	ریتم
Saut	پرش
Traditionnel	سنتی
Visuel	بصری

Dinosaures

دایناسورها

Ailes	بال
Carnivore	گوشتخوار
Disparition	ناپدید شدن
Énorme	عظیم
Évolution	تکامل
Fossiles	فسیل
Grand	بزرگ
Herbivore	گیاهخوار
Mammouth	ماموت
Préhistorique	ماقبل تاریخ
Proie	طعمه
Puissant	قدرتمند
Queue	دم
Rapace	رپتور
Reptile	خزنده
Taille	اندازه
Terre	زمین

Disciplines Scientifiques

رشته های علمی

Anatomie	آناتومی
Archéologie	باستان شناسی
Astronomie	نجوم
Biochimie	بیوشیمی
Biologie	زیست شناسی
Botanique	گیاه شناسی
Chimie	شیمی
Écologie	بوم شناسی
Géologie	زمین شناسی
Immunologie	ایمونولوژی
Linguistique	زبانشناسی
Mécanique	مکانیک
Météorologie	هواشناسی
Minéralogie	کانی شناسی
Neurologie	اعصاب
Physiologie	فیزیولوژی
Psychologie	روانشناسی
Sociologie	جامعه شناسی
Thermodynamique	ترمودینامیک
Zoologie	جانورشناسی

Escalade
کوهنوردی

Altitude	ارتفاع
Atmosphère	اتمسفر
Bottes	چکمه
Carte	نقشه
Casque	کلاه
Curiosité	کنجکاوی
Expert	کارشناس
Étroit	باریک
Force	استحکام
Formation	آموزش
Gants	دستکش
Grotte	غار
Guides	راهنماها
Physique	فیزیکی
Randonnée	پیاده روی
Stabilité	ثبات
Terrain	زمین

Exploration
اکتشاف

Activité	فعالیت
Animaux	حیوانات
Courage	شجاعت
Dangers	خطرات
Découverte	کشف
Détermination	تعیین
Espace	فضا
Excitation	هیجان
Épuisement	خستگی
Inconnu	ناشناخته
Langue	زبان
Nouveau	جدید
Périlleux	خطرناک
Sauvage	وحشی
Terrain	زمین
Voyage	سفر

Échecs
شطرنج

Adversaire	حریف
Blanc	سفید
Champion	قهرمان
Concours	مسابقه
Diagonal	مورب
Intelligent	باهوش
Jeu	بازی
Joueur	بازیکن
Noir	سیاه
Passif	منفعل
Reine	ملکه
Règles	قوانین
Roi	پادشاه
Sacrifice	قربانی
Stratégie	استراتژی
Temps	زمان
Tournoi	مسابقات

École #1
مدرسه #1

Alphabet	الفبا
Amis	دوستان
Amusement	سرگرم کننده
Bibliothèque	کتابخانه
Bureau	میز
Chaise	صندلی
Crayon	مداد
Des Stylos	قلم
Déjeuner	ناهار
Dossiers	پوشه
Enseignant	معلم
Examens	امتحانات
Livres	کتابها
Marqueurs	نشانگرها
Math	ریاضی
Nombres	شماره
Papier	کاغذ
Quiz	مسابقه
Réponses	پاسخ
Salle de Classe	کلاس درس

École #2
مدرسه #2

Activités	فعالیت
Apprentissage	یادگیری
Bibliothèque	کتابخانه
Bus	اتوبوس
Calendrier	تقویم
Ciseaux	قیچی
Crayon	مداد
Devoirs	مشق شب
Dictionnaire	فرهنگ لغت
Enseignant	معلم
Écriture	نوشتن
Éducation	تحصیلات
Grammaire	گرامر
Lecture	خواندن
Littérature	ادبیات
Livres	کتابها
Math	ریاضی
Ordinateur	کامپیوتر
Papier	کاغذ
Science	علم

Écologie
بوم شناسی

Bénévoles	داوطلبان
Climat	اقلیم
Communautés	جوامع
Diversité	تنوع
Durable	پایدار
Faune	جانوران
Flore	فلور
Global	جهانی
Habitat	زیستگاه
Marais	مارش
Marin	دریایی
Nature	طبیعت
Naturel	طبیعی
Plantes	گیاهان
Ressources	منابع
Sécheresse	خشکسالی
Survie	بقا
Végétation	زندگی گیاهی

Émotions
احساسات

Amour	عشق
Calme	آرام
Colère	خشم
Contenu	محتوا
Embarrassé	خجالت
Ennui	کسالت
Gentillesse	مهربانی
Joie	شادی
Paix	صلح
Peur	ترس
Reconnaissant	سپاسگزار
Relief	تسکین
Satisfait	راضی
Sympathie	همدردی
Tendresse	حساسیت
Tranquillité	آرامش
Tristesse	غم و اندوه

Épices
ادویه جات

Aigre	ترش
Ail	سیر
Amer	تلخ
Cannelle	دارچین
Cardamome	هل
Coriandre	گشنیز
Cumin	زیره
Curry	کاری
Fenouil	رازیانه
Fenugrec	شنبلیله
Gingembre	زنجبیل
Muscade	جوز هندی
Oignon	پیاز
Paprika	فلفل قرمز
Poivre	فلفل
Réglisse	شیرین بیان
Safran	زعفران
Saveur	طعم
Sel	نمک
Vanille	وانیل

Été
تابستان

Amis	دوستان
Camping	کمپینگ
Famille	خانواده
Jardin	باغ
Joie	شادی
Livres	کتابها
Loisir	فراغت
Mer	دریا
Musique	موسیقی
Nourriture	غذا
Plage	ساحل
Plongée	غواصی
Relaxation	آرامش
Sandales	صندل
Vacances	تعطیلات
Voyage	سفر

Famille
خانواده

Ancêtre	جد
Enfance	کودکی
Enfant	کودک
Femme	همسر
Fille	دختر
Frère	برادر
Grand-Mère	مادربزرگ
Grand-Père	پدربزرگ
Jumeaux	دوقلوها
Mari	شوهر
Mère	مادر
Nièce	خواهرزاده
Oncle	عمو
Paternel	پدری
Petit-Fils	نوه
Père	پدر
Soeur	خواهر
Tante	عمه

Ferme #1
مزرعه #1

Abeille	زنبور عسل
Agriculture	کشاورزی
Âne	خر
Champ	زمینه
Chat	گربه
Cheval	اسب
Chèvre	بز
Chien	سگ
Clôture	نرده
Cochon	خوک
Corbeau	کلاغ
Eau	آب
Engrais	کود
Foin	یونجه
Miel	عسل
Poulet	مرغ
Riz	برنج
Troupeau	گله
Vache	گاو
Veau	گوساله

Ferme #2
مزرعه #2

Agneau	بره
Agriculteur	کشاورز
Animaux	حیوانات
Berger	چوپان
Blé	گندم
Canard	اردک
Fruit	میوه
Grange	انبار
Irrigation	آبیاری
Lait	شیر
Lama	لاما
Légume	سبزی
Maïs	ذرت
Mouton	گوسفند
Mûr	رسیده
Nourriture	غذا
Orge	جو
Pré	چمنزار
Tracteur	تراکتور
Verger	باغ

Fleurs
گل

Bouquet	دسته گل
Gardénia	گاردنیا
Hibiscus	هیبیسکوس
Jasmin	یاس
Jonquille	نرگس
Lavande	اسطوخودوس
Lys	زنبق
Magnolia	ماگنولیا
Marguerite	دیزی
Orchidée	ارکیده
Pavot	خشخاش
Pétale	گلبرگ
Pissenlit	قاصدک
Plumeria	پلومریا
Rose	رز
Tournesol	گل خورشید
Trèfle	شبدر
Tulipe	لاله

Forêt Tropicale
جنگل بارانی

Amphibiens	دوزیستان
Botanique	گیاه شناسی
Climat	اقلیم
Communauté	انجمن
Diversité	تنوع
Indigène	بومی
Insectes	حشرات
Jungle	جنگل
Mammifères	پستانداران
Mousse	خزه
Nature	طبیعت
Nuage	ابرها
Oiseaux	پرندگان
Précieux	با ارزش
Préservation	حفظ
Refuge	پناه
Respect	احترام
Restauration	ترمیم
Survie	بقا

Formes
اشکال

Arc	کمان
Carré	مربع
Cercle	دایره
Coin	گوشه
Courbe	منحنی
Cône	مخروط
Côté	سمت
Cube	مکعب
Cylindre	سیلندر
Ellipse	بیضی
Hyperbole	هذلولی
Ligne	خط
Polygone	چند ضلعی
Prisme	منشور
Pyramide	هرم
Rectangle	مستطیل
Rond	گرد
Sphère	کره
Triangle	مثلث

Fournitures d'Art
لوازم هنری

Acrylique	اکریلیک
Aquarelles	آبرنگ
Argile	خاک رس
Brosses	برس
Caméra	دوربین
Chaise	صندلی
Chevalet	سه پایه
Colle	چسب
Couleurs	رنگها
Crayons	مداد
Créativité	خلاقیت
Eau	آب
Encre	جوهر
Gomme	پاک کن
Huile	نفت
Papier	کاغذ
Table	جدول

Fruit
میوه

Abricot	زردآلو
Ananas	آناناس
Avocat	آووکادو
Baie	توت
Banane	موز
Cerise	گیلاس
Citron	لیمو
Figue	شکل
Framboise	تمشک
Goyave	گواوا
Kiwi	کیوی
Mangue	انبه
Melon	خربزه
Nectarine	شلیل
Orange	نارنجی
Papaye	پاپایا
Pêche	هلو
Poire	گلابی
Pomme	سیب
Raisin	انگور

Géographie
جغرافیا

Altitude	ارتفاع
Atlas	اطلس
Carte	نقشه
Continent	قاره
Fleuve	رودخانه
Hémisphère	نیمکره
Île	جزیره
Latitude	عرض جغرافیایی
Mer	دریا
Méridien	نصف النهار
Monde	جهان
Montagne	کوه
Nord	شمال
Océan	اقیانوس
Ouest	غرب
Pays	کشور
Région	منطقه
Sud	جنوب
Territoire	قلمرو
Ville	شهر

Géologie
زمین‌شناسی

Acide	اسید
Calcium	کلسیم
Caverne	غار
Continent	قاره
Corail	مرجان
Couche	لایه
Cristaux	کریستال
Érosion	فرسایش
Fondu	مذاب
Fossile	فسیلی
Lave	گدازه
Minéraux	مواد معدنی
Pierre	سنگ
Plateau	فلات
Quartz	کوارتز
Sel	نمک
Stalactite	استالاکتیت
Stalagmites	استالاگمیت
Volcan	آتشفشان
Zone	منطقه

Herboristerie
گیاه شناسی

Ail	سیر
Aromatique	معطر
Basilic	ریحان
Bénéfique	مفید
Culinaire	آشپزی
Estragon	ترخون
Fenouil	رازیانه
Fleur	گل
Ingrédient	جزء
Jardin	باغ
Lavande	اسطوخودوس
Marjolaine	مرجان
Menthe	نعناع
Persil	جعفری
Qualité	کیفیت
Romarin	رزماری
Safran	زعفران
Saveur	طعم
Thym	آویشن
Vert	سبز

Insectes
حشرات

Abeille	زنبور عسل
Cafard	سوسک
Cigale	سیکادا
Coccinelle	کفش دوزک
Fourmi	مورچه
Frelon	هورنت
Guêpe	زنبور
Larve	لارو
Libellule	سنجاقک
Mante	مانتیس
Moustique	پشه
Papillon	پروانه
Puce	کک
Puceron	شته
Sauterelle	ملخ
Termite	موریانه
Ver	کرم

Instruments de Musique
آلات موسیقی

Banjo	بانجو
Basson	باسون
Clarinette	کلارینت
Flûte	فلوت
Gong	گونگ
Guitare	گیتار
Harpe	ساز چنگ
Hautbois	ابوا
Mandoline	ماندولین
Marimba	ماریمبا
Piano	پیانو
Saxophone	ساکسوفون
Tambour	درام
Tambourin	زنگی دایره
Trombone	ترومبون
Trompette	شیپور
Violon	ویولن
Violoncelle	ویولن سل

Jardin
باغ

Arbre	درخت
Banc	نیمکت
Buisson	بوش
Clôture	نرده
Étang	برکه
Fleur	گل
Garage	گاراژ
Hamac	چوبان
Herbe	چمن
Jardin	باغ
Mauvaises Herbes	علف های هرزه
Pelle	بیل
Porche	ایوان
Râteau	شن کش
Sol	خاک
Terrasse	تراس
Trampoline	ترامپولین
Tuyau	شلنگ
Vigne	تاک

Jouets
اسباب بازی

Argile	خاک رس
Artisanat	صنایع دستی
Avion	هواپیما
Balle	توپ
Bateau	قایق
Camion	کامیون
Cerf-Volant	بادبادک
Échecs	شطرنج
Favori	مورد علاقه
Imagination	تخیل
Livres	کتابها
Poupée	عروسک
Robot	ربات
Tambours	درام
Train	قطار
Vélo	دوچرخه
Voiture	ماشین

Jours et Mois
اہہام و ازور

Août	توا
Avril	لیروآ
Calendrier	میوقت
Dimanche	هبنشکی
Février	هیروف
Janvier	هیوناژ
Jeudi	هبنشجنپ
Juillet	یالوج
Juin	دادرخ
Lundi	هبنشود
Mardi	هبنششس
Mars	سرام
Mercredi	هبنشراهچ
Mois	هام
Novembre	ربماون
Octobre	ربتکا
Samedi	هبنش
Semaine	هتفه
Septembre	ربمتپس
Vendredi	هعمج

Les Abeilles
اہروبنز

Ailes	لاب
Bénéfique	دیفم
Cire	موم
Diversité	عونت
Essaim	ماحدزا
Écosystème	زیست بوم
Fleur	هفوکش
Fruit	هویم
Fumée	دود
Habitat	زیستگاه
Insecte	هرشح
Jardin	غاب
Miel	لسع
Nourriture	اذغ
Plantes	ناهایگ
Pollen	هدرگ
Pollinisateur	گرده افشان
Reine	هکلم
Ruche	ودنک
Soleil	دیشروخ

Légumes
تاجیزبس

Ail	ریس
Artichaut	کنگر فرنگی
Aubergine	ناجمداب
Brocoli	کلم بروکلی
Carotte	جیوه
Céleri	سفرک
Champignon	چراق
Citrouille	کدو تنبل
Concombre	رایخ
Échalote	ریسوم
Épinard	اسفناج
Gingembre	زنجبیل
Navet	شلغم
Oignon	زایپ
Olive	نوتیز
Persil	جعفری
Pois	نخود فرنگی
Radis	هچبرت
Salade	دالاس
Tomate	گوجه فرنگی

Littérature
تایبدا

Analogie	سایق
Analyse	لیلحت
Anecdote	تیاکح
Auteur	هدنسیون
Biographie	یفارگویب
Comparaison	هسیاقم
Conclusion	هجیتن
Description	حرش
Dialogue	وگتفگ
Fiction	ناتساد
Métaphore	هراعتسا
Narrateur	یوار
Poème	رعش
Poétique	هنارعاش
Rime	هیفاق
Roman	نامر
Rythme	متیر
Style	کبس
Thème	مت
Tragédie	یدژارت

Livres
اہباتک

Auteur	هدنسیون
Aventure	ییوجارجام
Collection	هعومجم
Contexte	تفاب
Dualité	یگناگود
Écrit	هدش هتشون
Épique	هسامح
Histoire	ناتساد
Historique	یخیرات
Humoristique	زنط
Inventif	رکتبم
Lecteur	هدنناوخ
Littéraire	یبدا
Narrateur	یوار
Page	هحفص
Pertinent	طوبرم
Poésie	رعش
Roman	نامر
Série	یرس
Tragique	مغ انگیز

Maison
هناخ

Balai	وراج
Bibliothèque	هناباتک
Chambre	قاتا
Cheminée	هنیموش
Clés	اهدیلک
Clôture	هدرن
Cuisine	هناخزپشآ
Douche	شود
Fenêtre	هرجنپ
Garage	ژاراگ
Jardin	غاب
Lampe	پمال
Miroir	هنیآ
Mur	راوید
Porte	برد
Rideaux	هدرپ
Sol	فک
Sous-Sol	نیمزریز
Tapis	شرف
Toit	فقس

Mammifères
پستانداران

Baleine	نهنگ
Chat	گربه
Cheval	اسب
Chien	سگ
Coyote	کایوت
Dauphin	دلفین
Éléphant	فیل
Girafe	زرافه
Gorille	گوریل
Kangourou	کانگورو
Lapin	خرگوش
Lion	شیر
Loup	گرگ
Mouton	گوسفند
Ours	خرس
Renard	روباه
Singe	میمون
Taureau	گاو نر
Tigre	ببر
Zèbre	گورخر

Mathématiques
ریاضی

Angles	زاویه
Arithmétique	حساب
Carré	مربع
Circonférence	دور
Décimal	اعشاری
Diamètre	قطر
Exposant	نما
Équation	معادله
Fraction	کسر
Géométrie	هندسه
Parallèle	موازی
Perpendiculaire	عمود
Périmètre	محیط
Polygone	چند ضلعی
Rayon	شعاع
Rectangle	مستطیل
Somme	جمع
Sphère	کره
Symétrie	تقارن
Triangle	مثلث

Mesures
اندازه گیری

Centimètre	سانتیمتر
Degré	درجه
Décimal	اعشاری
Gramme	گرم
Hauteur	ارتفاع
Kilogramme	کیلوگرم
Kilomètre	کیلومتر
Largeur	عرض
Litre	لیتر
Longueur	طول
Masse	جرم
Mètre	متر
Minute	دقیقه
Octet	بایت
Once	اونس
Poids	وزن
Pouce	اینچ
Profondeur	عمق
Tonne	تن

Meubles
مبلمان

Banc	نیمکت
Bibliothèque	قفسه کتاب
Bureau	میز
Chaise	صندلی
Commode	کمد
Coussins	کوسن
Étagères	قفسه
Futon	فوتون
Hamac	بانوج
Lampe	لامپ
Lit	تخت
Matelas	تشک
Miroir	آینه
Oreiller	بالش
Rideaux	پرده
Tapis	فرش

Méditation
مدیتیشن

Acceptation	پذیرش
Attention	توجه
Calme	آرام
Clarté	وضوح
Compassion	شفقت
Émotions	احساسات
Éveillé	بیدار
Gentillesse	مهربانی
Gratitude	قدردانی
Habitudes	عادات
Mental	ذهنی
Mouvement	جنبش
Musique	موسیقی
Nature	طبیعت
Observation	مشاهده
Paix	صلح
Perspective	چشم انداز
Posture	وضعیت
Respiration	تنفس
Silence	سکوت

Météo
وضع هوا

Arc-En-Ciel	رنگین کمان
Atmosphère	اتمسفر
Brise	نسیم
Brouillard	مه
Calme	آرام
Ciel	آسمان
Climat	اقلیم
Glace	یخ
Humide	مرطوب
Inondation	سیل
Nuage	ابر
Polaire	قطبی
Sec	خشک
Sécheresse	خشکسالی
Température	درجه حرارت
Tempête	طوفان
Tonnerre	تندر
Tornade	گردباد
Tropical	گرمسیری
Vent	باد

Mythologie
اسطوره شناسی

Archétype	کهن الگو
Catastrophe	فاجعه
Comportement	رفتار
Création	ایجاد
Créature	موجود
Croyances	باورها
Culture	فرهنگ
Éclair	رعد و برق
Force	استحکام
Guerrier	جنگجو
Héros	قهرمان
Immortalité	جاودانگی
Jalousie	حسادت
Labyrinthe	هزارتو
Légende	افسانه
Magique	جادویی
Monstre	هیولا
Mortel	فانی
Tonnerre	تندر
Vengeance	انتقام

Nature
طبیعت

Abeilles	زنبورها
Abri	پناه
Animaux	حیوانات
Arctique	قطب شمال
Beauté	زیبایی
Brouillard	مه
Désert	کویر
Dynamique	پویا
Érosion	فرسایش
Feuillage	برگ و شاخ
Fleuve	رودخانه
Forêt	جنگل
Glacier	یخچال
Nuage	ابرها
Paisible	صلح
Sanctuaire	پناهگاه
Sauvage	وحشی
Serein	آرام
Tropical	گرمسیری
Vital	حیاتی

Nombres
اعداد

Cinq	پنج
Deux	دو
Décimal	اعشاری
Dix	ده
Dix-Huit	هجده
Dix-Neuf	نوزده
Dix-Sept	هفده
Douze	دوازده
Huit	هشت
Neuf	نه
Quatorze	چهارده
Quatre	چهار
Quinze	پانزده
Seize	شانزده
Sept	هفت
Six	شش
Treize	سیزده
Trois	سه
Vingt	بیست
Zéro	صفر

Nourriture #1
غذا #1

Ail	سیر
Basilic	ریحان
Café	قهوه
Cannelle	دارچین
Carotte	هویج
Citron	لیمو
Épinard	اسفناج
Fraise	توت فرنگی
Jus	آب
Lait	شیر
Navet	شلغم
Oignon	پیاز
Orge	جو
Poire	گلابی
Salade	سالاد
Sel	نمک
Soupe	سوپ
Sucre	قند
Thon	ماهی تن
Viande	گوشت

Nourriture #2
غذا #2

Amande	بادام
Aubergine	بادمجان
Banane	موز
Blé	گندم
Brocoli	کلم بروکلی
Cerise	گیلاس
Céleri	کرفس
Champignon	قارچ
Chocolat	شکلات
Jambon	ژامبون
Kiwi	کیوی
Mangue	انبه
Oeuf	تخم مرغ
Pain	نان
Poisson	ماهی
Pomme	سیب
Poulet	مرغ
Raisin	انگور
Riz	برنج
Tomate	گوجه فرنگی

Nutrition
تغذیه

Amer	تلخ
Appétit	اشتها
Calories	کالری
Comestible	خوراکی
Diète	رژیم غذایی
Digestion	هضم
Épices	ادویه
Équilibré	متعادل
Fermentation	تخمیر
Glucides	کربوهیدرات
Liquides	مایعات
Poids	وزن
Protéines	پروتیین
Qualité	کیفیت
Sain	سالم
Santé	سلامتی
Sauce	سس
Saveur	طعم
Toxine	سم
Vitamine	ویتامین

Océan
اقیانوس

Algue	جلبک دریایی
Anguille	مارماهی
Baleine	نهنگ
Bateau	قایق
Corail	مرجان
Crabe	خرچنگ
Crevette	میگو
Dauphin	دلفین
Éponge	اسفنج
Huître	صدف
Méduse	عروس دریایی
Poisson	ماهی
Poulpe	اختاپوس
Requin	کوسه
Récif	تپه دریایی
Sel	نمک
Tempête	طوفان
Thon	ماهی تن
Tortue	لاک پشت
Vagues	امواج

Oiseaux
پرندگان

Aigle	عقاب
Autruche	شترمرغ
Canard	اردک
Canari	قناری
Cigogne	لک لک
Corbeau	کلاغ
Coucou	فاخته
Cygne	قو
Flamant	فلامینگو
Héron	حواصیل
Manchot	پنگوئن
Moineau	گنجشک
Oeuf	تخم مرغ
Oie	غاز
Paon	طاووس
Perroquet	طوطی
Pélican	پلیکان
Pigeon	کبوتر
Poulet	مرغ
Toucan	توکان

Outils
ابزار

Agrafeuse	منگنه
Câble	کابل
Ciseaux	قیچی
Colle	چسب
Corde	طناب
Couteau	چاقو
Échelle	نردبان
Hache	تبر
Maillet	کتک
Marteau	چکش
Pelle	بیل
Pinces	انبردست
Rasoir	تیغ
Roue	چرخ
Torche	مشعل
Vis	پیچ

Pays #2
کشورها #2

Albanie	آلبانی
Chine	چین
Danemark	دانمارک
France	فرانسه
Haïti	هائیتی
Indonésie	اندونزی
Irlande	ایرلند
Jamaïque	جامائیکا
Japon	ژاپن
Kenya	کنیا
Laos	لائوس
Liban	لبنان
Mexique	مکزیک
Ouganda	اوگاندا
Pakistan	پاکستان
Russie	روسیه
Somalie	سومالی
Soudan	سودان
Syrie	سوریه
Ukraine	اوکراین

Paysages
چشم‌اندازها

Cascade	آبشار
Colline	تپه
Désert	کویر
Estuaire	خور
Fleuve	رودخانه
Glacier	یخچال
Grotte	غار
Iceberg	کوه یخ
Île	جزیره
Lac	دریاچه
Marais	باتلاق
Mer	دریا
Montagne	کوه
Oasis	واحه
Océan	اقیانوس
Péninsule	شبه جزیره
Plage	ساحل
Toundra	تندرا
Vallée	دره
Volcan	آتشفشان

Pêche
ماهیگیری

Appât	طعمه
Bateau	قایق
Crochet	قلاب
Eau	آب
Exagération	اغراق
Équipement	تجهیزات
Fil	سیم
Fleuve	رودخانه
Lac	دریاچه
Mâchoire	فک
Océan	اقیانوس
Panier	سبد
Patience	صبر
Plage	ساحل
Poids	وزن
Saison	فصل

Pirates
دزدان دریایی

Ancre	لنگر
Aventure	ماجراجویی
Capitaine	کاپیتان
Carte	نقشه
Cicatrice	اسکار
Danger	خطر
Drapeau	پرچم
Épée	شمشیر
Équipage	خدمه
Grotte	غار
Île	جزیره
Légende	افسانه
Mauvais	بد
Océan	اقیانوس
Or	طلا
Perroquet	طوطی
Pièces	سکه
Plage	ساحل
Rhum	رم
Trésor	گنج

Plage
ساحل

Bateau	قایق
Bleu	آبی
Coquilles	پوسته
Côte	ساحل
Crabe	خرچنگ
Dock	اسکله
Île	جزیره
Lagune	تالاب
Mer	دریا
Océan	اقیانوس
Parapluie	چتر
Récif	تپه دریایی
Sable	شن
Sandales	صندل
Serviette	حوله
Soleil	خورشید
Vacances	تعطیلات
Voilier	قایق بادبانی

Plantes
گیاهان

Arbre	درخت
Baie	توت
Bambou	بامبو
Botanique	گیاه شناسی
Buisson	بوش
Cactus	کاکتوس
Engrais	کود
Feuillage	برگ و خاش
Fleur	گل
Flore	فلور
Forêt	جنگل
Grandir	رشد
Haricot	لوبیا
Herbe	چمن
Jardin	باغ
Lierre	پیچک
Mousse	خزه
Pétale	گلبرگ
Racine	ریشه
Végétation	زندگی گیاهی

Professions #1
حرفه #1

Ambassadeur	سفیر
Astronome	ستاره شناس
Avocat	وکیل
Banquier	بانکدار
Bijoutier	جواهر
Cartographe	نقشه نگار
Chasseur	شکارچی
Danseur	رقصنده
Entraîneur	مربی
Éditeur	ویرایشگر
Géologue	زمین شناس
Infirmière	پرستار
Médecin	دکتر
Musicien	نوازنده
Pianiste	پیانیست
Plombier	لوله کش
Pompier	آتش نشان
Psychologue	روانشناس
Scientifique	دانشمند
Vétérinaire	دامپزشک

Professions #2
حرفه #2

Astronaute	فضانورد
Bibliothécaire	کتابدار
Biologiste	زیست شناس
Chercheur	محقق
Chirurgien	جراح
Dentiste	دندانپزشک
Détective	کاراگاه
Enseignant	معلم
Illustrateur	تصویرگر
Ingénieur	مهندس
Inventeur	مخترع
Jardinier	باغبان
Journaliste	خبرنگار
Linguiste	زبانشناس
Médecin	پزشک
Peintre	نقاش
Philosophe	فیلسوف
Photographe	عکاس
Pilote	خلبان
Zoologiste	جانورشناس

Randonnée
پیاده‌روی

Animaux	حیوانات
Bottes	چکمه
Camping	کمپینگ
Carte	نقشه
Climat	اقلیم
Dangers	خطرات
Eau	آب
Falaise	صخره
Fatigué	خسته
Guides	راهنماها
Lourd	سنگین
Montagne	کوه
Nature	طبیعت
Orientation	جهت
Préparation	آماده سازی
Sauvage	وحشی
Soleil	خورشید
Sommet	اجلاس

Remplir
برای پر کردن

Baignoire	وان
Baril	بشکه
Bassin	حوضه
Boîte	جعبه
Bouteille	بطری
Carton	کارتن
Dossier	پوشه
Enveloppe	پاکت
Navire	کشتی
Panier	سبد
Paquet	بسته
Plateau	سینی
Poche	جیب
Pot	شیشه
Sac	کیسه
Seau	سطل
Tiroir	کشو
Tube	لوله
Valise	چمدان
Vase	گلدان

Restaurant #1
رستوران 1#

Allergie	آلرژی
Assiette	بشقاب
Bol	کاسه
Café	قهوه
Caissier	صندوقدار
Couteau	چاقو
Cuisine	آشپزخانه
Dessert	دسر
Épicé	تند
Menu	منو
Nourriture	غذا
Pain	نان
Poulet	مرغ
Réservation	رزرو
Sauce	سس
Serveuse	پیشخدمت
Serviette	دستمال سفره
Viande	گوشت

Restaurant #2
رستوران 2#

Boisson	نوشیدنی
Chaise	صندلی
Cuillère	قاشق
Déjeuner	ناهار
Délicieux	خوشمزه
Dîner	شام
Eau	آب
Épices	ادویه
Fourchette	چنگال
Fruit	میوه
Gâteau	کیک
Glace	یخ
Légumes	سبزیجات
Oeuf	تخم مرغ
Poisson	ماهی
Salade	سالاد
Sel	نمک
Serveur	گارسون
Soupe	سوپ

Science
علم

Atome	اتم
Chimique	شیمیایی
Climat	اقلیم
Données	داده
Expérience	آزمایش
Évolution	تکامل
Fait	حقیقت
Fossile	فسیلی
Gravité	جاذبه
Hypothèse	فرضیه
Laboratoire	آزمایشگاه
Méthode	روش
Minéraux	مواد معدنی
Molécules	مولکول ها
Nature	طبیعت
Observation	مشاهده
Organisme	ارگانیسم
Particules	ذرات
Physique	فیزیک
Scientifique	دانشمند

Science-Fiction
داستان علمی تخیلی

Atomique	اتمی
Cinéma	سینما
Dystopie	دیستوپیا
Explosion	انفجار
Extrême	مفرط
Feu	آتش
Futuriste	آینده نگر
Galaxie	کهکشان
Illusion	توهم
Imaginaire	خیالی
Livres	کتاب‌ها
Monde	جهان
Mystérieux	مرموز
Oracle	اوراکل
Planète	سیاره
Romans	رمان
Scénario	سناریو
Technologie	تکنولوژی
Utopie	مدینه فاضله

Sons
صداها

Applaudir	کف زدن
Bruyant	پر سر و صدا
Chuchoter	نجوا
Chœur	گروه کر
Cloche	بل
Concert	کنسرت
Écho	اکو
Gémir	ناله
Répétitif	تکراری
Résonnant	طنین انداز
Rire	خنده
Sifflet	سوت
Sirènes	آژیرها
Toux	سرفه
Vibration	لرزش
Voix	صداها

Sports
شزرو

Arbitre	رواد
Athlète	ورزشکار
Base-Ball	بیسبال
Basket-Ball	بسکتبال
Championnat	قهرمانی
Entraîneur	مربی
Équipe	تیم
Gagnant	برنده
Golf	گلف
Gymnastique	ژیمناستیک
Hockey	هاکی
Jeu	بازی
Joueur	بازیکن
Mouvement	جنبش
Stade	ورزشگاه
Tennis	تنیس
Vélo	دوچرخه

Surf
گشت و گذار

Amusement	سرگرم کننده
Athlète	ورزشکار
Champion	قهرمان
Débutant	مبتدی
Estomac	معده
Extrême	مفرط
Force	استحکام
Foules	جمعیت
Mousse	موف
Océan	اقیانوس
Plage	ساحل
Populaire	محبوب
Récif	تپه دریایی
Style	سبک
Vague	موج
Vitesse	سرعت

Technologie
تکنولوژی

Blog	وبلاگ
Caméra	دوربین
Curseur	مکان نما
Données	داده
Écran	صفحه نمایش
Fichier	فایل
Internet	اینترنت
Logiciel	نرم افزار
Message	پیام
Navigateur	مرورگر
Numérique	دیجیتال
Octets	بایت
Ordinateur	کامپیوتر
Recherche	پژوهش
Sécurité	امنیت
Statistiques	آمار
Virtuel	مجازی
Virus	ویروس

Temps
زمان

Année	سال
Annuel	سالانه
Aujourd'Hui	امروز
Avant	قبل از
Bientôt	به زودی
Calendrier	تقویم
Demain	فردا
Décennie	دهه
Futur	آینده
Heure	ساعت
Hier	دیروز
Jour	روز
Maintenant	اکنون
Matin	صبح
Midi	ظهر
Minute	دقیقه
Mois	ماه
Nuit	شب
Semaine	هفته
Siècle	قرن

Types de Cheveux
انواع مو

Argent	نقره
Blanc	سفید
Blond	بور
Boucles	فر
Brillant	براق
Chauve	طاس
Coloré	رنگی
Court	کوتاه
Doux	نرم
Épais	ضخیم
Frisé	فرفری
Gris	خاکستری
Long	بلند
Marron	براون
Mince	نازک
Noir	سیاه
Ondulé	موجی
Sain	سالم
Sec	خشک
Tressé	بافته

Vacances #2
تعطیلات #2

Aéroport	فرودگاه
Camping	کمپینگ
Carte	نقشه
Destination	مقصد
Étranger	خارجی
Hôtel	هتل
Île	جزیره
Loisir	فراغت
Mer	دریا
Passeport	گذرنامه
Plage	ساحل
Restaurant	رستوران
Réservations	رزرو
Taxi	تاکسی
Tente	چادر
Train	قطار
Transport	حمل و نقل
Vacances	تعطیلات
Visa	ویزا
Voyage	سفر

Vertus #1
فضایل #1

Artistique	هنری
Bon	خوب
Charmant	جذاب
Curieux	کنجکاو
Décisif	قاطع
Drôle	خنده دار
Efficace	کارآمد
Fiable	قابل اعتماد
Généreux	سخاوتمندانه
Imaginatif	تخیلی
Indépendant	مستقل
Intelligent	باهوش
Modeste	فروتن
Passionné	پرشور
Patient	بیمار
Pratique	عملی
Propre	تمیز
Utile	مفید

Véhicules
وسایل نقلیه

Ambulance	آمبولانس
Avion	هواپیما
Bus	اتوبوس
Camion	کامیون
Caravane	کاروان
Ferry	فری
Fusée	موشک
Hélicoptère	هلیکوپتر
Métro	مترو
Moteur	موتور
Navette	شاتل
Pneus	لاستیک
Radeau	قایق
Scooter	اسکوتر
Sous-Marin	زیردریایی
Taxi	تاکسی
Tracteur	تراکتور
Train	قطار
Vélo	دوچرخه
Voiture	ماشین

Vêtements
لباس

Bracelet	دستبند
Ceinture	کمربند
Chapeau	کلاه
Chaussettes	جوراب
Chaussure	کفش
Chemise	پیراهن
Chemisier	بلوز
Collier	گردنبند
Foulard	روسری
Gants	دستکش
Jeans	شلوار جین
Jupe	دامن
Manteau	کت
Mode	مد
Pantalon	شلوار
Pyjama	لباس خواب
Robe	لباس
Sandales	صندل
Tablier	صحن
Veste	ژاکت

Ville
شهرک

Aéroport	فرودگاه
Banque	بانک
Bibliothèque	کتابخانه
Boulangerie	نانوایی
Cinéma	سینما
Clinique	درمانگاه
École	مدرسه
Fleuriste	گلفروش
Galerie	گالری
Hôtel	هتل
Librairie	کتابفروشی
Marché	بازار
Musée	موزه
Pharmacie	داروخانه
Restaurant	رستوران
Stade	ورزشگاه
Supermarché	سوپرمارکت
Théâtre	نمایش
Université	دانشگاه
Zoo	باغ وحش

Félicitations

Vous avez réussi !

Nous espérons que vous avez apprécié ce livre autant que nous avons pris plaisir à le concevoir. Nous faisons de notre mieux pour créer des livres de la meilleure qualité possible.
Cette édition est conçue pour permettre un apprentissage intelligent et de qualité en se divertissant !

Vous avez aimé ce livre ?

Une Simple Demande

Nos livres existent grâce aux avis que vous publiez. Pourriez-vous nous aider en laissant un avis maintenant ?

Voici un lien rapide qui vous mènera à votre page d'évaluation de vos commandes :

BestBooksActivity.com/Avis50

CHALLENGE FINAL !

Défi n°1

Êtes-vous prêt pour votre jeu bonus ? Nous les utilisons tout le temps mais ils ne sont pas si faciles à trouver. Voici les **Synonymes** !

Notez 5 mots que vous avez trouvés dans les puzzles notés ci-dessous (n°21, n°36, n°76) et essayez de trouver 2 synonymes pour chaque mot.

Notez 5 Mots du *Puzzle 21*

Mots	Synonyme 1	Synonyme 2

Notez 5 Mots du *Puzzle 36*

Mots	Synonyme 1	Synonyme 2

Notez 5 Mots du *Puzzle 76*

Mots	Synonyme 1	Synonyme 2

Défi n°2

Maintenant que vous vous êtes échauffé, notez 5 mots que vous avez découverts dans les Puzzles n° 9, n° 17, n° 25 et essayez de trouver 2 antonymes pour chaque mot. Combien pouvez-vous en trouver en 20 minutes ?

Notez 5 Mots du **Puzzle 9**

Mots	Antonyme 1	Antonyme 2

Notez 5 Mots du **Puzzle 17**

Mots	Antonyme 1	Antonyme 2

Notez 5 Mots du **Puzzle 25**

Mots	Antonyme 1	Antonyme 2

Défi n°3

Formidable ! Ce défi final n'est rien pour vous.

Prêt pour le dernier défi ? Choisissez 10 mots que vous avez découverts parmi les différents puzzles et notez-les ci-dessous.

1.	6.
2.	7.
3.	8.
4.	9.
5.	10.

Maintenant, composez un texte en pensant à une personne, un animal ou un lieu que vous aimez !

Astuce: Vous pouvez utiliser la dernière page de ce livre comme brouillon !

Votre Composition :

CARNET DE NOTES :

À TRÈS BIENTÔT !

Toute l'équipe

DECOUVREZ DES JEUX GRATUITS

GO

BESTACTIVITYBOOKS.COM/FREEGAMES